विश्व रिकॉर्ड धारक
अंतरराष्ट्रीय साहित्यिक मंच
KB Writers
की प्रस्तुति

प्रेम के पल्ले

साझा गद्य-पद्य संग्रह

सम्पादक
आचार्या नीरू शर्मा, संजय कुमार राव,
चन्दन केशरी

www.kbwriters.com

KB Writers

बाबुबाँक, झाझा, जिला - जमुई (बिहार) 811308
website :- www.kbwriters.com
email :- kbwritersofficial@gmail.com
Call :- 8873000900

चन्दन केशरी
संस्थापक एवं संपादक

कुन्दन केशरी
अध्यक्ष एवं संचालक

आचार्या नीरू शर्मा
संपादिका

संजय कुमार राव
संपादक

<u>हमारी विशेषताएँ</u>

- विश्व रिकॉर्ड धारक साहित्यिक मंच
- 47 से अधिक देशों से हमारे पाठक
- 10 से अधिक देशों से हमारे रचनाकार
- जुलाई 2020 से निरंतर कार्यरत
- विभिन्न पुस्तकें प्रकाशित

प्रकाशन वर्ष :- 2026

प्रस्तावना

प्रिय साथियों,

के० बी० राइटर्स अंतरराष्ट्रीय साहित्यिक मंच की 43वीं पुस्तक "प्रेम के पन्ने" आप सभी के सम्मुख प्रस्तुत है। इस पुस्तक में कुल 61 रचनाकारों की 156 रचनाएँ सम्मिलित हैं। इस संग्रह के संपादक आचार्या नीरू शर्मा, संजय कुमार राव व चन्दन केशरी हैं।

इस पुस्तक में संकलित रचनाएँ समृद्ध, सुंदर और प्रेरणादायक हैं। पुस्तक में प्रकाशित सभी रचनाएँ प्रेम, प्रकृति, जीवन, समाज, धर्म, राष्ट्र आदि विविध विषयों पर लिखी गई हैं। सभी रचनाएँ अलग-अलग विषयों पर लिखी जाने के कारण यह पुस्तक आपको अवश्य पसंद आएगी।

"प्रेम के पन्ने" एक साझा गद्य-पद्य संग्रह है जो हर उम्र के पाठकों को अपनी ओर आकर्षित करती है। इस पुस्तक में विभिन्न प्रकार की भावनाओं का समावेश है।

हमें आशा है कि आप सभी इस पुस्तक को भी वैसा ही प्यार और आशीर्वाद प्रदान करेंगे जैसा हमारी अन्य पुस्तकों, त्रैमासिक पत्रिका एवं विशेषांकों को देते आए हैं। आपके बहुमूल्य व महत्त्वपूर्ण सुझावों एवं समीक्षाओं की हमें सर्वदा प्रतीक्षा रहेगी।

धन्यवाद

सम्पादकीय

प्रेम के भावों से सजे ये पन्ने हैं जो हर दिल को छू जाएँगे।
महक़ते हुए इन पन्नों में हम सब स्वयं को पा जाएँगे।।

सम्माननीय सुधीजनों!

हार्दिक अभिनंदन,

प्रिय विद्वजनों, आपका अपना विश्व रिकार्ड धारक अंतरराष्ट्रीय साहित्यिक मंच "के० बी० राइटर्स" विभिन्न विषय-केंद्रित और त्रैमासिक ई-पत्रिका जागृति के संग 42 पुस्तकों का सफल प्रकाशन करके 43वीं पुस्तक 'प्रेम के पन्ने' आनंदित होकर आपके समक्ष रख रहा है।

स्नेही पाठकों, मानव जीवन का आधार यदि कोई भावना है, तो वह है—प्रेम। यही प्रेम हमारे विचारों, व्यवहार और संबंधों को दिशा देता है। 'प्रेम के पन्ने' (साझा गद्य-पद्य संग्रह) इसी शाश्वत भावना को शब्दों के विविध रूपों में अभिव्यक्त करने का एक सृजनात्मक प्रयास है।

स्नेहीजनों, हम प्रत्येक रचनाकार को उनकी बेहतरीन रचनाओं के लिए धन्यवाद व शुभकामनाएँ देते हैं तथा साथ ही हमें विश्वास है कि आप इस पुस्तक को भी अपना प्यार और आशीर्वाद अवश्य देंगे और यह पुस्तक आपके हृदयतल में विशेष स्थान बनाएगी।

धन्यवाद

- आचार्या नीरू शर्मा

सम्पादिका

सम्पादकीय

आज आपके समक्ष 43वीं पुस्तक 'प्रेम के पन्ने' (साझा गद्य-पद्य संग्रह) प्रस्तुत करते हुए अपार हर्ष का अनुभव हो रहा है। आज तकनीकी क्रान्ति के दौर में 'साहित्यिक प्रकाशन' का क्षेत्र भी अछूता नहीं रहा है। येन-केन-प्रकारेण लोगों का झुकाव 'प्रिण्ट माध्यम' से 'डिजिटल माध्यम' की ओर होता जा रहा है, किन्तु यह बहुत शुभ संकेत नहीं है। 'मुद्रित साहित्य' का अपना एक अलग महत्त्व है, इसे नकारा नहीं जा सकता। मुद्रित पुस्तकों के प्रति लोगों की रुचि बनाए रखना, बनाए ही नहीं रखना बल्कि उसे आगे बढ़ाने का प्रयास करना निश्चित रूप से आज एक चुनौतीपूर्ण कार्य है। हमें खुशी है कि आप सभी सुधी पाठकों तथा हमारे समर्पित साहित्यकारों के सहयोग से 'के० बी० राइटर्स' परिवार इस दिशा में सतत सन्नद्ध है।

हमारी अब तक प्रकाशित पुस्तकों को जिस प्रकार आपका प्यार मिला है, आपने सराहा है, वैसा-ही इस 'प्रेम के पन्ने' को भी मिलेगा, ऐसी आशा है।

यद्यपि मुद्रण के स्तर पर तकनीकी रूप से कोई त्रुटि न रह जाए, इसका पूरा ध्यान रखा गया है, फिर भी यदि कहीं कोई कमी परिलक्षित होती है तो निस्संकोच हमें इंगित करने का कष्ट करेंगे।

सद्भावनाओं सहित

- संजय कुमार राव

सम्पादक

सम्पादकीय

अपने दिल की बात यूँ, आपको सुनाएँगे।
रचनाएँ पढ़ते हुए, आप मुस्कुराएँगे।
है विश्वास ये पुस्तक, दिल को छू जाएगी,
प्रेम के पन्ने यहाँ, प्रेम जब फैलाएँगे।

प्रिय साथियों,

प्रेम को परिभाषाओं में बाँधना जितना कठिन है, अनुभूतियों में उतना ही सहज। "प्रेम के पन्ने" इसी अनुभूति की विविध छवियों को शब्दों में सँजोने का एक सशक्त प्रयास है। यह पुस्तक एक साझा गद्य-पद्य संग्रह है। इस संग्रह की विशेषता इसके विषयों, शिल्पों और अभिव्यक्तियों की विविधता है। अलग-अलग स्वरों के बावजूद यह पुस्तक प्रेम की डोर से बंधी है।

आपके अपने के० बी० राइटर्स अंतरराष्ट्रीय साहित्यिक मंच ने न केवल नए और स्थापित रचनाकारों को एक साझा मंच देने का कार्य किया है, बल्कि विचारों के आदान-प्रदान और रचनात्मक संवाद की परंपरा को भी समृद्ध करने का प्रयास किया है। यह प्रयास आप सभी पाठकों के स्नेह, सहयोग एवं आशीष के बिना संभव ही नहीं था; इसलिए हम आप सभी पाठकों के आभारी हैं एवं यह अपेक्षा करते हैं कि इस पुस्तक को भी आप सभी अपना स्नेह, सहयोग एवं आशीष अवश्य प्रदान करेंगे।

धन्यवाद

- चन्दन केशरी

सम्पादक

आभार

प्रिय साथियों,

किसी भी पुस्तक का प्रकाशन एवं सफलता बिना सबके सहयोग के संभव नहीं है। के० बी० राइटर्स अंतरराष्ट्रीय साहित्यिक मंच उन सभी विद्वान एवं कुशल रचनाकारों के प्रति हृदयतल से आभार व्यक्त करता है जिन्होंने अपने अनुपम एवं हृत्प्रिय रचनाओं से इस साझा गद्य-पद्य संग्रह "प्रेम के पन्ने" को दैदीप्यमान कर दिया।

हमारा मंच उन सभी सहयोगियों के प्रति भी अंतस से आभार व्यक्त करता है, जिन्होंने प्रत्यक्ष या परोक्ष रूप में इस साझा गद्य-पद्य संग्रह के प्रकाशन में अपना अप्रतिम सहयोग प्रदान किया।

हमारा मंच उन सभी पाठकों का भी आभारी है जिन्होंने इस संग्रह का अवलोकन कर इसे हृदयस्थ कर आशीर्वाद दिया।

आगे भी हमारा मंच आप सबके सहयोग से एक से बढ़कर एक उत्कृष्ट काव्य / कहानी संग्रहों का प्रकाशन कर हिन्दी साहित्य के उत्थान में अपना शुचि योगदान प्रदान करता रहेगा।

पुनः आभार सभी का।

- कुन्दन केशरी

(अध्यक्ष एवं मंच संचालक)

के० बी० राइटर्स अंतरराष्ट्रीय साहित्यिक मंच

विषय सूची

क्रम सं०	रचनाकार	पृष्ठ सं०
1.	डॉ० कुमार वर्मा	11
2.	शैलेन्द्र कुमार "शैल"	21
3.	डॉ० उषा टिबड़ेवाल 'मीरा'	31
4.	डॉ० सुरेश लाल श्रीवास्तव	41
5.	डॉ० अमृत बिसारिया	48
6.	अविनाश ब्यौहार	55
7.	गणपत लाल उदय	61
8.	जयराम जख़्मी	67
9.	रामेश्वर लाल महरड़ा 'सजग'	72
10.	कशिश नगीनवी	77
11.	विक्रम यादव	82
12.	बिनोद कुमार सिंह	87
13.	समीउल्लाह खान	92
14.	दयाराम साहू	96
15.	अच्युत उमर्जी	99
16.	कमल चंदा	102
17.	डॉ० आशा शरण	105
18.	देव प्रसाद पात्रे	108
19.	डॉ० रंजना गुप्ता	111
20.	कुमार सतीश	114
21.	स्मृति अनुरागिनी	117
22.	सुषमा सिंह "उर्मि"	120
23.	अरुण कुमार	122
24.	प्रोफेसर डॉ० गनेश कुमार सोनी	124
25.	जगत पाल	126

क्रम सं०	रचनाकार	पृष्ठ सं०
26.	गौतम कुमार कुशवाहा	128
27.	प्रेम कुमार त्रिपाठी	130
28.	अमिताभ सिंह	132
29.	अभिमत नारायण कौशिक	134
30.	राजेन्द्र प्रसाद पटेल 'रंजन'	136
31.	विजय कुमार सिन्हा	138
32.	अनु भास्कर	140
33.	डॉ० विनोद तिवारी	142
34.	अभिनव शिवम	144
35.	संजय कुमार राव	146
36.	स्व० प्रेमशीला विजय प्रताप कुशवाहा "संगम"	148
37.	लक्ष्मीदास मानिकपुरी	149
38.	काजल कुमारी	150
39.	डॉ० गीता पांडेय "बेबी"	151
40.	प्रीति चौरसिया गुप्ता	152
41.	विशाल जैन 'पवा'	153
42.	वी० एन० वी० पद्मावती	154
43.	शिखा सक्सेना	155
44.	डॉ० शिखर सक्सेना	156
45.	सागर सापकोटा	157
46.	डॉ० अनन्तराम चौबे अनन्त	158
47.	तुलसीराम "राजस्थानी"	159
48.	विकास कुमार मंडल	160
49.	अर्चना मिश्रा	161
50.	रीक्षीराम मेहर	162
51.	बालकृष्ण शर्मा	163
52.	रचना सहाय	164

क्रम सं०	रचनाकार	पृष्ठ सं०
53.	बबीता माँधणा	165
54.	लक्ष्मीनारायण धिरहे	166
55.	डॉ० जगदीश प्रसाद गबेल	167
56.	संकेत सिंह	168
57.	मंजूलता मेरसा "कृष्णा मानसी"	169
58.	बबीता कुमारी	170
59	वैष्णवी नेहा	171
60.	आचार्या नीरू शर्मा	172
61.	चन्दन केशरी	173

आइए! शुरु करते हैं...

माँ कल्याणी

डॉ० कुमार वर्मा
(पता :- बाराबंकी, उत्तर प्रदेश)

मनहर रूप मनोहर वाणी।
कृपा करो हे माँ कल्याणी।

वीणा वादिनी सुर वरदानी।
ज्ञान माँगता है अज्ञानी।
देकर बुद्धि करो सुज्ञानी,
हो न कोई लेखक अभिमानी।

एक हाथ में पुस्तक साजे।
श्वेत वसन शुभ हंस विराजे।
वाणी में मधुरस की इच्छा,
माँ का जग में डंका बाजे।

सुर संगीत बहे हे माता।
उज्ज्वल जीवनपथ की दाता।
रहूँ सदा मैं शरण तुम्हारी,
इतना बना रहे माँ नाता।

एक आशीष जरा कर दो माँ।
लेखन को पावन कर दो माँ।
शीश झुका है माँ चरणों मे,
सिर पर कृपा हाथ धर दो माँ।

मनहर रूप मनोहर वाणी।
कृपा करो हे माँ कल्याणी।

कलम उठाने दो

हर गलती पर क्षमा माँग लो खुद को ही झुक जाने दो।
जिसे बदलना है न बस में उसको हो ही जाने दो।

पकड़ के उँगली नहीं उठाते क्यों उनका सम्मान करें?
श्रम पर उँगली लोग उठाते उँगली उन्हें उठाने दो।

हर गुल्लक को ऐसा लगता सारे पैसे उसके हैं,
सारा कुछ है किसी और का, अहम् कभी मत आने दो।

जीवन का आनन्द लीजिए जीवन नहीं असीमित है,
हर पल इसका बड़ा कीमती यूँ हीं नहीं गँवाने दो।

मयखाने में भीड़ लगी है ज्ञान की बातें कौन सुने?
कुमर लिखेंगे पढ़ो, न पढ़ो, कवि को कलम उठाने दो।

डॉ० कुमार वर्मा
(पता :- बाराबंकी, उत्तर प्रदेश)

जीरो नम्बर

डॉ० कुमार वर्मा
(पता :- बाराबंकी, उत्तर प्रदेश)

पलकों पे जिन्हें सजाया था,
नज़रों से आज गिराया है,
हमने तो प्रेम परीक्षा में
बस ज़ीरो नम्बर पाया है।1।

किस्मत का खेल निराला है
दिल ने बोला था कई बार,
हमने तो सदा दुआएँ दी,
पर उसने ज़हर मिलाया है।2।

राहों में घना अँधेरा था
ठोकर खाई और गिरे बहुत,
तब जरा उजाले की ख़ातिर
घर उसने मेरा जलाया है।3।

दिल ने जिनको अपना माना,
उनका व्यवहार उलट निकला,
जितना मन को समझाया है,
उतना ही दर्द बढ़ाया है।4।

सपनों की पुस्तक खूब जली
पर राख किसी को नहीं मिली,
सच पूछो एक मोहब्बत ने,
इन जख़्मों को गहराया है।5।

जीने का ढंग सिखाता है
यह जीवन एक कसौटी है
जिस को देना चाहा सब कुछ
उसने 'कुमार' ठुकराया है।6।

किसने देखा

डॉ० कुमार वर्मा
(पता :- बाराबंकी, उत्तर प्रदेश)

पंख लगा के वक्त उड़ गया,
किसने देखा कहाँ उड़ गया।
स्वप्न डगर में चले कदम सा,
न जाने वो किधर मुड़ गया।

धूप घुली तो छाँव गुम हुई,
जिसने रोका समय गँवाया।
रात के आँचल के साये में ,
कहाँ गुमा ये सोच न पाया।
कल की बातें धुँध बन गईं,
और उसी में वक्त जल गया।
पंख लगा के वक्त उड़ गया,
किसने देखा कहाँ उड़ गया।
स्वप्न डगर में चले कदम सा
न जाने वो किधर मुड़ गया।1

सूरज थका रात भर सोया
जाने किन सपनों में खोया।
रात खिली जब चंदा आया
खिली चाँदनी ने सब धोया।
बचपन बीता यौवन आया
धन पाने का रोग जुड़ गया।
पंख लगा के वक्त उड़ गया
किसने देखा कहाँ उड़ गया।
स्वप्न डगर में चले कदम सा
न जाने वो किधर मुड़ गया।2

लम्हों की दरिया में डूबे
खोते गये सभी मनसूबे।
वक्त और क़िस्मत मिल बैठे
बाँध लिए रिश्तों की डोरी।
घने-घने काले बालों का
सारा ही अभिमान झड़ गया।
पंख लगा के वक्त उड़ गया
किसने देखा कहाँ उड़ गया।
स्वप्न डगर में चले कदम सा
न जाने वो किधर मुड़ गया।3

आँख कान कमजोर क्या हुए
हाथ पैर सब डरे-डरे हैं।
सभी झुर्रियाँ मौन कह रही
कितनी खुशियों से गुजरे हैं।
परिवर्तन की एक आँधी में
वक्त देख के वक्त ढल गया।
पंख लगा के वक्त उड़ गया
किसने देखा कहाँ उड़ गया।
स्वप्न डगर में चले कदम सा
न जाने वो किधर मुड़ गया।4

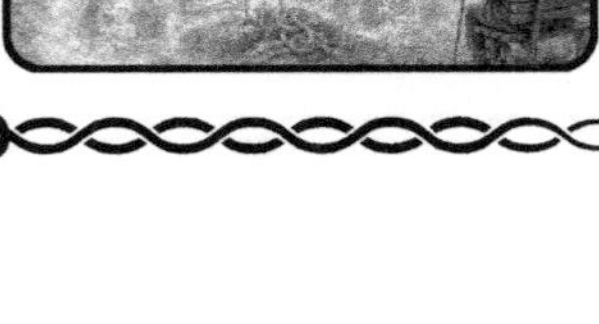

जोड़ना सीखा

डॉ० कुमार वर्मा
(पता :- बाराबंकी,
उत्तर प्रदेश)

घटाना तुमने सीखा है मुझे बस जोड़ आता है
तुम्हारे काम हर रिश्ता पुराना तोड़ जाता है।

जिसे था मानता अपना निभाया साथ भी हरदम
तुम्हें हर मोड़ पर देखो बहाना छोड़ जाता है।

मैं हर रिश्ता सहेजूँगा, यही दस्तूर मेरा है
मगर कोई ख्वाब आते ही भरोसा टूट जाता है।

मैं जोड़ूँ टूटते सपने, यही फितरत हमारी है
तुम्हारा साथ जाने क्यों वक़्त पर छूट जाता है।

मुझे भाया है दिल देना मुझे आता दुआ देना
तुम्हें लेना तो आता है, मगर देना न आता है।

ज़र्द चेहरा

डॉ० कुमार वर्मा
(पता :- बाराबंकी, उत्तर प्रदेश)

ज़र्द चेहरों को दबा के किस्सा-ए-ग़म सहना पड़ा।
मुस्कुरा कर पर हमें इस बात को कहना पड़ा।

ज़र्द चेहरे में मगर कुछ हौसला दिखने लगा,
धड़कनों को बस जरा मन खोल के पढ़ना पड़ा।

ज़र्द चेहरे फिर भी तेरा नाम लेकर फिर रहे,
जख्म भी मनहूस निकले जब उन्हें छिपना पड़ा।

अरे वाह रे! तन्हाइयों अहसास की इतनी लकीरें,
छोड़कर सब काम अपने वो निशां गिनना पड़ा।

ज़र्द चेहरों में भी उभरा नूर तेरा इस तरह,
खुद की यादों की गली से बेखबर चलना पड़ा।

बात सारी कह दिया हमने भी थोड़ा इस तरह,
मन की बातों को 'कुमर' गम में गजल लिखना पड़ा।

इधर उधर

डॉ० कुमार वर्मा
(पता :- बाराबंकी,
उत्तर प्रदेश)

इधर नींद थी उधर ख्वाब थे रात बिछी परछाईं थी,
ढूँढ रहे थे अपनी धड़कन तनहाई थी इधर उधर।

नज़र से उसने जब-जब देखा, दिल में गूँजी एक खनक,
मगर हवाओं ने कर डाली रुसवाई थी इधर-उधर।

उलझन की सड़कों पे मेरा खोया खोया मन उलझा,
कभी सुलह तो कभी शिकायत फैल गयी थी इधर-उधर।

जो लम्हे दिल के करीब थे, वही खो गए नहीं मिले,
न जाने किस मोड़ पे बिखरी सच्चाई थी इधर-उधर।

पत्नी जी मायके से आईं बोली सोफा तोड़ रहे हो,
घर की क्या हालत कर डाली, फेंका-फेंकी इधर-उधर।

चलन जमाने के अब देखो बदल रहे क़तरा-क़तरा,
हम हैं मगन सभी के जैसे ख्वाब सजाये इधर-उधर।

रहे तलाशों में हम जिनकी वही किनारा कर बैठी,
दिल की बात ज़ुबाँ से निकली अटकी भटकी इधर-उधर।

मेरी ज़ुबाँ बंद ताले में लेकिन ये मन भटका खूब,
मन भटका सा तैर रहा था ज्यों जलकुंभी इधर उधर।

फ़रखत हवाओं का हल्ला है दिल में कोई असर नहीं,
बन्द मुट्ठी से रेत बेचारी ज्यों छितरी थी इधर-उधर।

आसमान में नखत बिखर कर फैले थे हर कोने में,
पूजा की थाली में जैसे चावल हल्दी इधर-उधर।

कहाँ आ गए

डॉ० कुमार वर्मा
(पता :- बाराबंकी, उत्तर प्रदेश)

लोग कहने लगे हम कहाँ आ गए,
कब कहाँ से चले अब कहाँ आ गए।

मौन रहते रहे गम को सहते रहे,
किस हवा में बहे तब कहाँ आ गए।

हमने सोचा न था ये भी हो जाएगा,
ज्ञान सब खो गया अब कहाँ आ गए।

आज रिश्तों को किसकी नज़र लग गई,
घर में रहते हुए सब कहाँ आ गए।

कल 'कुमर' की कही खो न जाये कहीं,
गर ये समझा नहीं हम कहाँ आ गए।

क्षरण देखता हूँ

डॉ० कुमार वर्मा
(पता :- बाराबंकी, उत्तर प्रदेश)

जब भी नोचा खरोंचा बदन देखता हूँ।
कहीं आचरण बदचलन देखता हूँ।

ये अमीरों का है वो गरीबों का है,
जो नहीं जानता वो कफ़न देखता हूँ।

अपना घर द्वार बंगले सभी देखते हैं,
मैं तो घर से प्रथम ये वतन देखता हूँ।

कल चले थे खरीदेंगे दुनिया ये सारी,
उनकी दौलत नहीं उनका मन देखता हूँ।

ज़ख़्म होने की दर आज कितनी बढ़ी,
तब मैं दूषित हुआ आवरण देखता हूँ।

उन्नयन हैं कहीं, है कहीं पर पतन,
उसमें मानव का कितना जतन देखता हूँ।

अश्व ज्यों बेच कर सारे सोये 'कुमर',
जागरण में तभी से क्षरण देखता हूँ।

धीरे-धीरे

डॉ० कुमार वर्मा
(पता :- बाराबंकी, उत्तर प्रदेश)

कर्म करने का होगा असर धीरे-धीरे।
प्रगति की चढ़ेगा डगर धीरे-धीरे।
जो मिलकर रहेंगे सभी लोग घर के
सजेंगे सभी के ही घर धीरे-धीरे।

प्रकृति की सुनो और पूजो प्रकृति को
मिटेगा धरा से कहर धीरे-धीरे।
चाहत है उड़ने की जिन पक्षियों में
खुलेंगे सुनहरे से पर धीरे-धीरे।

गर जो पढ़ते रहे अग्र बढ़ते रहे
ज्ञान स्तर बनेगा प्रखर धीरे-धीरे।
मोहब्बत की महिमा बड़ी है निराली
बनेगा मिठाई जहर धीरे-धीरे।

सफ़र

शैलेन्द्र कुमार "शैल"
(पता :- पटना, बिहार)

यह सफ़र लम्बा है, रास्ते कठिन हैं।
मगर उम्मीदों का दामन थाम आगे बढ़ें।
दिलों में दर्द छिपा मोहब्बत का पैगाम दें।
चेहरे पर मुस्कान दिल में हो अरमान।
जरूरतमंदों को मुसीबतों में काम दें।
लुफ़्त उठा अपने कदमों को न विराम दें।
सबको तू साथ दे सम्मान दे।
न है थकना, न है रुकना।
मस्ती है यह जीवन अपना।
संकट की इस घड़ी में जयघोष करें।
आएगा खुशियों का क्षण, जन–मन में विश्वास भर दें।
मानवता का ज्ञान दें।
वतन के नव–निर्माण में हम सब योगदान दें।

आशा की डोर

शैलेन्द्र कुमार "शैल"
(पता :- पटना, बिहार)

थाम आशा की डोर,
देख रहे हैं आसमान की ओर।
बच्चा, बूढ़ा, किशोर ले आँखों में लोर।
दिन रात और भोर।
छाई भू पर विपदा घनघोर।
नभ में बादल तिरते चहुँ ओर।
पूरवा पवन मचाए शोर।
धरा पर ठनका, ओला गिरे बेजोर।
किसान व मज़दूरों का सपना हुआ चकनाचूर।
जग में नाच रहे हैं दादुर, मोर।
हाथी, शेर, हिरण जंगल में करे हरहोर।
बागों में अली फूलों की डाली कोयल की शोर।
पपीहा, झींगुर, दादुर मिल मचाए शोर।
आपदा की चाबुक खा- खा तड़पत मन मोर।
न सुझता है अब कौन थामेगा डोर।
अब आ जाओ न नंदकिशोर।
द्रौपदी जस आशा है तोर।

रॉक गार्डन रांची

शैलेन्द्र कुमार "शैल"
(पता :- पटना, बिहार)

एक अदद स्थल देखा।
शांत, सुरम्य, जगह देखी।
आबादी से बाहर पहाड़ देखा।
सुन्दर डैंप वहाँ देखा।
हरा भरा पेड़, सुन्दर फूलों की क्यारी देखी।
प्यार - मनुहार करते प्रेमियों का जोड़ा देखा।
शीतल - ब्यार जोड़ों का प्यार देखा।
दिल खोल हँसते–निहारते देखा।
लोट–पोट मिलते, असीम प्यार उड़ेलते देखा।
मिलन के व्याकुल नयना चार करते देखा।
अकेले मन में उठते आह देखा।
आह! मन आह्लादित करते दृश्य देखा।
पहाड़ पर अवस्थित पहाड़ी बाबा का दर्शन किया।

महासमर (अमेरिका-इजराइल-ईरान युद्ध)

शैलेन्द्र कुमार "शैल"
(पता :- पटना, बिहार)

विश्व धरा पर देखो कैसे मचा हाहाकार,
ड्रोन, मिसाइल, बम– बारूदों का प्रहार।
मिडिल ईस्ट आज बना है युद्ध का मैदान।
नए - नए हथियारों से कर रहे वार पर वार।
एक-दूसरे पर कर रहे हैं बौछार।
ईरान इनके सहयोगियों पर कर रहा पलटवार।
आम इंसान अब हो रहे लाचार।
टूट रहा सर्वशक्तिशाली का गुरूर।
उठ रही है चीख - पुकार पूरा विश्व करे चित्कार।
कुंद हो रही है अब तेल की धार।
अरबों रूपए हो रहे खाक यार।
मानवता हो रही है देखो कैसे तार-तार।
तेल, एल०पी.०जी० गैस की कीमत से जार-जार।
कालाबाजारी, जमाखोरी का बढ़ा सहचार।
गरीबों, मजलूमों का अब जीना है बेकार।
महंगाई का झेल रहा पूरा विश्व मार।
बारूदी धुआँ से बेतहाशा होता प्रदूषण का सहचार।

जीव जंतु सब बेबस, न सूझता है उपचार।
बंद करो, बंद करो जल्द यह समर।
मत ढाहो कहर इस कदर।
इसका सब पर होगा बुरा असर।
विश्वयुद्ध - 3 की ओर बढ़ रहा डगर।
परमाणु युद्ध के खतरे से तन-मन रहा सिहर।
हिरोशिमा, नागासाकी का आज भी है असर।
क्यों उजाड़ने पर पड़े हो सुन्दर शहर।
सब मिलकर करो पहल तभी बच पाएँगे गाँव नगर।
आज आन पड़ी है शांति की दरकार।
विनाश बंद कर सृजन करना ही आधार।
मत करो, मत करो एक दूजे पर प्रहार।
मिटाओ आपस का वैर भाव, बढ़ाओ प्यार।

ढिठाई

शैलेन्द्र कुमार "शैल"
(पता :- पटना, बिहार)

यह कैसी है तेरी ढिठाई?
मन में कैसे तु ठेस लगाई?
क्या तुमने की है चतुराई?
तूने प्रीत की दीप क्यों बुझाई?
यह कैसी है तेरी ढिठाई?
क्यों तूने की ऐसी जुदाई?
तूने की मुझसे बेवफाई।
इसमें नहीं है बड़ाई।
अभी हमें छुनी है ऊँचाई।
तूने क्यों की मुझसे लड़ाई?
मुझे अब तक समझ न आई।

महँगाई

शैलेन्द्र कुमार "शैल"
(पता :- पटना, बिहार)

महँगाई है कितनी देखो।
सबको नाच - नचाई देखो।
प्याज, नमक, तेल की ऊँचाई देखो।
कैसा आघात पहुँचाया देखो?
देश में झंझावात लाया देखो।
शासन - सत्ता को हिलाया।
जन की पीर बढ़ाई कैसे?
प्याज की जहाजों से ढुलाई देखो।
जन की कमर टूटता देखो।
नेताओं, कर्मचारियों को लूटते देखो।
जन मानस को घुटते देखो।

ज्योति

ज्ञान ज्योति से तीव्र न कोई ज्योति है।
जग में प्रकाश इसी से होता है।
मानव मन में बसी यह कैसी होती है?
इससे मानव महामानव बन जाता है।
जग में नया उजाला वह लाता है।
फिर राम - कृष्ण, दयानंद कहलाता है।
गांधी बनकर अमर वह हो जाता है।
ऊँच - नीच का भेद भाव मिट जाता है।
कोटि-कोटि तन-मन में बस जाता है।
सबके नयनों का तारा बन जाता है।
न्यूटन, आइंस्टीन, आर्कमिडीज,
अब्दुल कलाम बन पाता है।
दयावान, सर्वगुण संपन्न वही कहलाता है।
अर्जुन-सा अपना लक्ष्य साध पाता है।
विश्वामित्र, दधीचि, वशिष्ठ सा ऊँचा उठ जाता है।
साधक बन ही इसे कोई पाता है।
साधना की सच्ची ताकत कहलाता है।
जग में इससे तीव्र कहाँ कोई ज्योति है।
इसकी स्तुति जग में होती है।

शैलेन्द्र कुमार "शैल"
(पता :- पटना, बिहार)

जागृति गान

शैलेन्द्र कुमार "शैल"
(पता :- पटना, बिहार)

जाग - जाग युवागण,
अब लगी है अग्न।
तेरा लूटा सब रत्न,
सोया तू क्यों मग्न?
हो रहा तेरा शोषण।
शोषक बना शासन,
अब उठाओ अपना फन।
तेरा तन - मन लगन,
अब कोई न अपन।
तुझ पर चल रहा भ्रष्ट शासन,
अब तो सोच युवागण।
मांग हक तू अपना,
होगा सच स्वप्न।
जाग - जाग युवागण।

प्यासी धरती

शैलेन्द्र कुमार "शैल"
(पता :- पटना, बिहार)

चातक - सी प्यासी धरती,
जल बूँद की आस में बैठी।
ताक रही अनिमेष गगन को,
आश लगाए बैठी।
बड़ी तपन है, बड़ी जलन है।
घुट रहा जन-जन का मन है,
अब सूख रहा सब चमन है।
व्याकुल अब मद-मस्त मदन है।
सूखे सरस सरोवर उर है।
दिनकर का तांडव क्रूर है।
डसता तन नागिन गरम अनल है।
आ जाओ घनश्याम धरा विह्वल है।
दे जाओ शीतल फुहार मत जलाओ।
फिर से झूम उठे भू उपवन।
विहस उठे मानव मन विह्वल।

कैसे करूँ प्रेम का इज़हार

शैलेन्द्र कुमार "शैल"
(पता :- पटना, बिहार)

दिलबर दीद से कर दीदार,
अब गले मत लग यार।
नयन भले कर ले चार।
यही है अब प्यार।
ख्वाबों में बस मिलेंगे यार,
आलिंगन के लिए करना होगा इंतज़ार।
देखो कैसे बदल गया है,
मिलन का आज सहचार।
चारों ओर है दर्द का साया,
मचा हुआ है चित्कार।
हाथ मिलाना, संग बैठ बातें करना,
बदल गया व्यवहार।
होंठ रसीले, दाँतों की चमक दिखता नहीं यार,
दुपट्टा और मास्क ने कर दिया बँटाधार।
समझ न आता अब कैसे करूँ प्रेम का इज़हार।
प्रेमी - प्रेमिकाओं के उर में कष्ट हैं हजार।
हो रहे हैं सब मिलने को बेकरार।

इसे तुम भूल जाना ना

सफ़र तन्हा है मेरा, मेरे पीछे यूँ आना ना।
पलक की पालकी मेरी, ख़ुदारा तुम उठाना ना।

करूँगी ज़िक्र मैं तेरा, चमन के फूल-कलियों से,
किसी ग़ुन्चे में छुप कर के, यूँ ही तुम मुस्कुराना ना।

डॉ० उषा टिबड़ेवाल 'मीरा'
(पता :- चेन्नई, तमिल नाडु)

हवा आगोश में मेरे, मचलती है, बहकती है,
मेरे कानों में आकर तुम, कोई सरगम सुनाना ना।

तपन पाँवों को छूती है, मचलती धूप है हर-सूं,
पहन के पाँव में पाज़ेब, तू नग़मा सुनाना ना।

तेरी फ़ुर्क़त में बेदम हूँ, तड़प कर मर न जाऊँ मैं
चले आओ मेरी जानिब, मुझे सूरत दिखाना ना।

मिले जो साथ तेरा तो, सँवर जाए मेरी दुनिया,
निकल जाए न दम मेरा, ज़रा भी दूर जाना ना।

नफ़स की डूबती नब्ज़ों में बस तू ही धड़कता है,
अमानत है ये जां तेरी, इसे तुम भूल जाना ना।

मिटाकर अपनी हस्ती को, बनी है अक्स 'मीरा' अब,
कहीं ये टूट जाए ना, इसे फिर आज़माना ना।

बस तुम दे दो साथ

डॉ० उषा टिबड़ेवाल 'मीरा'
(पता :- चेन्नई, तमिल नाडु)

बस तुम दे दो साथ, मेरी ज़िन्दगी बन जाए,
रूठा, सूखा सा ये मन, फिर से सावन सा खिल जाए।
अँधेरे में भटके थे जो रास्ते मेरी उम्मीद के,
तेरी एक मुस्कान से वो मंज़िल को प्रकाश मिल जाए॥

तेरे बिना अधूरी लगे मेरी हर दास्तान,
तेरी बातों में बसा है सुकून का जहान,
दिल की धड़कन कहे, बस तू है तो धड़कता दिल मेरा,
तुम साथ हो तो हर ग़म बर्फ सा पिघल जाए॥

नहीं बात करनी मुझे चाँद-सितारों को तोड़ लाने की,
बस तेरी छाँव में कटे ये ज़िन्दगी का पहरा मेरा।
तुम दे दो हाथ अपना, थाम लूँ उम्र भर,
बस मेरी छाँव में कटे ये ज़िंदगी का पहरा तेरा॥

आओ, मेरा सहारा बन जाओ एक बार,
तुम्हारे साथ देखे जो मैंने सपने,
मेरी वो बेक़रारी की पुकार तेरे दिल तक पहुंच जाए।
तुम्हारे साथ मेरी हरेक जो है तमन्ना, वो पूरी हो जाए॥

माँ का प्यार

डॉ० उषा टिबड़ेवाल 'मीरा'
(पता :- चेन्नई, तमिल नाडु)

माँ का प्यार संगीत जैसा,
हर सुर में सुर मिला गाता,
हर दुख में धैर्य रखें,
तभी हर पल सुनहरा दिन आता।
अनमोल होती उनके ममता,
यह ऋण कोई ना चुका पाता।
रातों को तारों सी जगती आँखें,
मेरे माथे पर हाथ रखे,
लोरी देकर मुझे सुलाए,
मुस्कुराहट में,
दर्द अपना ले छिपाए,
हर दुआओं में मिलता उसका आशीष ,
देर घर आने में, डाँट के जताए फ़िक्र की रीत,
माँ के आँचल में दुनिया की जीत,
माँ के बिना अधूरी हर जीत।
माँ के चरणों में मिल जाए जहां,
फिर मंदिर मस्जिद क्यों जाना,
बस आँचल की छाँव में सो जाना,
सपनों में बचपन का लौट आना,
माँ की दुलार हिसाब-किताब नहीं जानता,
बिन मौसम प्यार की बारिश करता,
खुद ज़मीं पर रह कर,
उनका हौसला हमें, आसमां तक पहुँचाता।

तेरी यादों में हम जो जीते हैं

डॉ० उषा टिबड़ेवाल 'मीरा'
(पता :- चेन्नई, तमिल नाडु)

ग़म, खुशियों से वास्ता छोड़,
हम बस तुझमें खो जाना चाहते हैं,
तेरी यादों में हम जो जीते हैं!

अपने हों या पराये,
तुम साथ हो तो सबसे दूर चले जाना चाहते हैं,
बस तेरी यादों में हम जो जीते हैं!

ज़िन्दगी में दोस्त और दुश्मन कभी बसते जो दिल में,
अब, उन सब को भूलना चाहते हैं।
बस तेरी यादों में हम जो जीते हैं!

ज़ख्म से मरहम तक,
ज़िन्दगी की लड़ाई में
दुख, परेशानी से पीछा छुड़ाना चाहते हैं।
तेरी यादों में हम जो जीते हैं!

महफ़िल भी वीरान लगती तेरे बिन,
खुशी हो या ग़म किसी बहाने,
तुझसे लिपट कर रोना चाहते हैं।
तेरी यादों में हम जो जीते हैं!

न जरूरत किसी के साथ अब,
और न तेरी जगह किसी की हो सकती,
तुम संग रहो वक्त के साथ,
उस हरपल में रहना चाहते हैं।
तेरी यादों मे हम जो जीते हैं!

तू नहीं पास मेरे

डॉ० उषा टिबड़ेवाल 'मीरा'
(पता :- चेन्नई, तमिल नाडु)

तू नहीं पास मेरे, पर आज भी ख़यालों में रोज आता है,
हर धड़कन के साथ तेरा नाम धड़कता है।
दूरियाँ हैं दरमियान, पर दिल कहता,
बेशुमार प्यार है तुझसे, हर साँस में तू समाए रहता है।

अंधेरे में भी यादों के चिराग़ जल जाते,
तेरी यादों को रोशन कर देते हैं,
तेरी बातें गूँजती हैं इस ख़ामोश शहर में भी,
नज़रें तरसें देखने को हर पल,
पर दिल कहे, तू दूर होकर भी पास है मेरे हर पल।

न शिकायत है तुझसे, न गिला है ज़माने से,
बस मोहब्बत बढ़ती है दिन रात बढ़ते हैं जैसे,
तू नहीं है तो क्या हुआ, प्यार कम तो नहीं होगा,
बल्कि तेरी जुदाई ने इसे और गहरा किया समुद्र की गहराई जैसे।

इसलिए सुन ले, तू जहाँ है वहाँ खुश रहे,
सच्चा प्यार मौसम के साथ बदलता कभी नहीं है,
मेरी ज़िन्दगी में शायद तू नहीं है,
तो भी करते रहेंगे बेइंतहा मुहब्बत तुमसे हीर-रांझा जैसे।

अधूरी गुफ़्तगू

हर बार रह जाती है दिल की अधूरी बातें,
जब भी उनसे गुफ़्तगू हुई,
लफ़्ज़ होंठों तक आकर ठहर गए,
और बात दिल में ही दफ़्न हुई।

डॉ० उषा टिबड़ेवाल 'मीरा'
(पता :- चेन्नई, तमिल नाडु)

कहना था कि याद बहुत आते हो,
जब भी न देखूँ तुम्हें, मेरी शामें उदास हो जाती हैं,
पर नज़रें झुक जातीं उन्हें सामने देख,
और प्रश्न बनकर रह गईं तमाम बातें।

वो मुस्कुरा कर जब पूछते हैं हाल मेरा,
मैं मुस्कुराकर बात टाल देता हूँ,
अन्दर तूफ़ां समुद्र की लहरों जैसा, जज़्बातों का चलता है,
बाहर से मैं ख़ामोश पत्थर सा रह जाता हूँ।

मन का डर, दिल के बाद कह दी तो वो दूर न हो जाएँ,
सो हर दफ़ा चुप रह मजबूर हो जाता हूँ,
अधूरी रह जाती है वो मन की हर गुफ़्तगू,
जिसमें छुपा है पूरा वज़ूद उसका मेरा।

क़ाश एक दिन,
सब कह दूँ, यूँ कि कह न पाया,
वरना यूँ ही रह जाएगी दिल की बातें,
कहानी बन जाएगी अधूरी यादों का हर लम्हा।

कैसे भुलाया जाए

कैसे भुलाया जाए?....
जब कोई जिंदगी से चला जाए .. ।
लोग बड़ी आसानी से कह देते हैं,
"वक्त के साथ आगे बढ़ो, भूलने की कोशिश करो",
पर कोई यह नहीं समझता,
जिसे भुलाने को कह रहे,
वह ज़िन्दगी की आती-जाती साँसों का हिस्सा है।

डॉ० उषा टिबड़ेवाल 'मीरा'
(पता :- चेन्नई, तमिल नाडु)

जिसे भुलाने को कह रहे हो,
वो मेरे जीवन के उगते सूरज की रोशनी थे,
हर रात की नींद की आखिरी सोच थे।
सबको लगता है वो एक इंसान था,
पर असल में वो मेरी जान था।

कुछ मुस्कुरा लेते हैं तो लोग समझते हैं,
"सब ठीक चल रहा है",
अब किसे क्या पता,
इस मुस्कान के पीछे कितना दर्द छिपा है!
समय से पहले वक्त ने सब छीन लिया,
कहते हैं लोग... ।
"वक्त के साथ सब ठीक हो जाएगा,"
पर किसे पता है,
वक्त कुछ ज़ख्म ऐसे भी देता है कि इन्सान...
उनके साथ जीने लगता है.. ।

कहीं भी जाओ, भीड़ में रहकर भी,
अकेलापन अन्दर से चुभता है,
अन्दर खामोशी का शोर बेचैन करता है।
हाँ, ऐसे भी कुछ लोग हैं कि सब भूल कर आगे बढ़ जाते हैं,
अच्छी बात है,
पर कुछ हम जैसे लोग भी हैं जो बस यादों के सहारे,
अपने आप को जिंदा रखने की कोशिश करते हैं।

तेरे साथ खूबसूरत रातें

डॉ० उषा टिबड़ेवाल 'मीरा'
(पता :- चेन्नई, तमिल नाडु)

हवा की ख़ुशबू में जब उसकी आने की खुशबू आती है,
चाँद की चाँदनी सी मेरे अक्स को छू जाती है वो,
खूबसूरत रातों में।
उनकी शरारती आँखें उठती दिल तार-तार कर जाती हैं,
दिल के कोने में एक महफिल सजा देती है वो,
खूबसूरत रातों में।
साड़ी का पल्लू मुँह में दबाती शरमाती,
धीरे से आकर पास बैठना,
ज़िन्दगी यूँ चमक जाती है जैसे निकला पूनम का चाँद,
खूबसूरत रातों में।
सूरज ढलते उसका आना,
हमारा मिलन प्यार में भीग जाता,
उसका वो गुरूर, रात की रानी सी महक जाती है वो,
खूबसूरत रातों में।
रस्मों-रिवाज़ को तोड़ अपने प्यार को रेत से न बिखरते देना,
पाँवों से खुद ही अपने को समेट लेती,
वो खूबसूरत रातों में।
न नींद आँखों में,
अगर आँखें हों बन्द उसमें भी तुम,
और सपने भी सुनहरे देखूँ तेरे,
उन खूबसूरत रातों में।
तेरा मुस्कुराना मेरी ज़िन्दगी बना देती,
तेरी आँखें कुछ न कह कर भी सब कुछ कह देतीं,
खूबसूरत रातों में।

अब लौट के न आना

डॉ० उषा टिबड़ेवाल 'मीरा'
(पता :- चेन्नई, तमिल नाडु)

तेरे बिना अब मैं जीने लगी हूँ,
अपने टूटे हुए टुकड़ों को सीने लगी हूँ।
जो ज़ख़्म तू देकर गया था हँसते-हँसते,
उन्हीं ज़ख़्मों पर मरहम लगाने लगी हूँ।

पहले तेरी यादों में रातें कटती थीं,
अब मेरे सपने मेरे साथ सोने लगे हैं।
पहले हर आहट पर लगता था तू आया,
अब दिल के दरवाज़े पर ताले लगने लगे हैं।

बहुत रोई हूँ, बहुत टूटी हूँ,
पर अब खुद से मोहब्बत करने लगी हूँ।
जो दिल तेरे नाम पर धड़कता था,
अब मुझे ज़िन्दा रखने को धड़कने लगा है।

इसलिए सुन ले, अब लौट के न आना,
मेरी नई बनाई दुनिया उजाड़ने न आना।
तेरे बिन मरती थी, अब जीने लगी हूँ,
और इस नई 'मैं' में अब मैं खुद को मिलने लगी हूँ।

जा, जहाँ भी है तू खुश रहना,
पर मेरी दहलीज़ पर अब कदम न रखना।
क्योंकि तेरे बिना अब मैं जीने लगी हूँ,
अब लौट के आकर फिर से न रूलाना,
बस ईश्वर से यही दुआ है।

बस तेरा साथ चाहिए

डॉ० उषा टिबड़ेवाल 'मीरा'
(पता :- चेन्नई, तमिल नाडु)

तुमसे और कुछ न चाहिए,
बस तेरा साथ चाहिए।
जहाँ मैं चलूँ, उस डगर पर,
तेरे होने का एहसास चाहिए।

तुमसे कुछ और न चाहिए,
बस तेरा हाथ मेरे हाथों में चाहिए,
उँगलियाँ उलझी रहें यूँ ही,
ऐसा रिश्ते का पैगाम चाहिए।

जब भी कुछ दिल उदास हो,
या मन खुशी में झूमे,
बस तू पास चाहिए।
मेरी ख़ामोशी की सिमटी महक,
मेरी खुलकर हँसी की खनक,
बिन बोले तू पहचाने, ऐसा साथ चाहिए।

कभी भीड़ में तन्हा हो जाऊँ अगर,
तेरी परछाईं का साया चाहिए,
टूटूँ बिखर जाऊँ अगर कभी राहों में,
अपने में समेट तेरे हौसले का सहारा चाहिए।

न दौलत, न शोहरत, न कोई ताज चाहिए,
मेरा नाम से जुड़ा, तेरा वो अल्फ़ाज़ चाहिए।
तूफ़ानों में भी कश्ती सँभलेगी तभी मेरी,
बस तेरी दुआओं का लिबास चाहिए।

कहाँ चलें मंज़िल का पता मुझे मत बताना,
तुम ले चलो साथ, यह चलने का विश्वास चाहिए।
तुमसे और कुछ न चाहिए,
बस आखिरी साँस तक तेरा साथ चाहिए।

स्वार्थी प्रेम

डॉ० सुरेश लाल श्रीवास्तव
(पता :- अम्बेडकरनगर,
उत्तर प्रदेश)

प्रेम मिलता कहाँ आज के दौर में,
भाव इसका गिरा हर किसी ठौर में।
कौन करता यहाँ अब दिली प्रेम है,
रुचि रखे मधुकरी किस लिए बौर में॥

स्वार्थ योजित हुई यार की यारियां,
खेलते हैं सभी स्वार्थ की पारियां।
भाव इसका बढ़ा अर्थ के लोभ से,
हैं बजाते सभी स्वार्थ से तालियां॥

प्रेम जब से घटा ज़िन्दगी के सफ़र,
बोझ दुःख का बढ़ा लोकजीवन डगर।
रिश्ते सधते सभी अर्थ के लोभ से,
भाव अच्छे हुए अब यहाँ बेअसर॥

जुड़ें रिश्ते सभी अर्थ के अर्थ से,
रहें गतिमान ये बस इसी स्वार्थ से।
चाव इसके दग़ा अब करे जो सगा,
बहु क़रीबी रहे वह भले बर्थ से॥

हैं सजे हाट जो ज़िन्दगी बाट में,
नेकियां अब नहीं उन सभी हाट में।
स्वार्थ अरु लोभ को जो गहे सब यहाँ,
बाट मत्कुण पड़े खाट सम हाट में॥

चाह रखते सभी जो दिली प्रेम से,
साथ रहते यहाँ जो इसी प्रेम से।
धार बहती बहुत त्याग सहयोग की,
लोग जीते यहाँ ज़िन्दगी प्रेम से॥

माँ की महिमा

डॉ० सुरेश लाल श्रीवास्तव
(पता :- अम्बेडकरनगर,
उत्तर प्रदेश)

माँ से बढ़कर इस दुनिया में,
रिश्ता नहिं कोई दूजा है।
हो देव, दनुज या नर कोई,
सबने माँ को ही पूजा है।

इतिहास रचा जग में जो भी,
माँ की महिमा की देन कहा।
मानव क्या सारे जीवों में,
दर्ज़ा माँ का ही है ऊँचा॥

दुःख हर्षित मन से बच्चे का,
जो अपने हिस्से ले लेती।
कर कोटि यत्न सुख देने हित,
निज जीवन अर्पित कर देती॥

उस माँ की देनी से आगे,
कोई देनी क्या रही कभी?
है सच माँ अपना जीवन सुख,
माँ बन अभिलक्षित कर लेती॥

अनमोल प्राप्त कर माँ-ममता,
ख़ुद को जो सफल बनाए हैं।
हैं धन्य सभी वे दुनिया में,
जो माँ का मान बढ़ाए हैं॥

माँ से जीवन, माँ से प्रभुता,
हर बात बदौलत माँ के ही।
होकर मुखरित युग पुरुष सभी,
माँ-महिमा का गुण गाए हैं॥

माँ

डॉ० सुरेश लाल श्रीवास्तव
(पता :- अम्बेडकरनगर,
उत्तर प्रदेश)

"माँ" शब्द मिटाये भूख-प्यास,
माँ से जीने की बढ़े आस।
माँ का मतलब जो जान लिया,
ख़ुद को वह पहचान लिया॥

माँ न होती मैं न होता,
मैं न होता तो क्या होता?
भाई, बहना, पत्नी, ललना,
सब तभी मिले जो माँ ने जना॥

माँ के ममत्व की रसधारा,
जीवन को सफल बनाती है।
'माँ' शब्द लबों पर आते ही,
हर कष्ट शमित हो जाती है॥

देव, दनुज, गंधर्व आदि,
सब माँ का ही गुणगान किये।
माँ की ममता के खातिर ही,
इह लोक में देव भी वास किये॥

सुत-जनन की चाहत में माता,
अति दारुण कष्ट सहन करती।
परिवारी पीड़ा का रौद्र रूप,
वह गर्भागत हित में सह लेती॥

गोदी में लाल जो लसे व हँसे,
सो धात्री धन्य हो जाती है।
भूखी रहकर भी अम्बा,
निज सुत की भूख मिटाती है॥

प्रेम पथ

डॉ० सुरेश लाल श्रीवास्तव
(पता :- अम्बेडकरनगर,
उत्तर प्रदेश)

प्रेम के बन पथिक प्रेम सबसे करो,
हर किसी के हृदय प्रेम प्रसरित करो।
मन सुमण्डित रहे प्रेम परिवेश में,
प्रेम के रंग को ज़िन्दगी में भरो॥

चैन दिल को मिले प्रेम के भाव से,
दुश्मनी दूर हो प्रेम-व्यवहार से।
भाव सहयोग का ये बढ़ाये सदा,
है बढ़े एकता प्रेम-व्यापार से॥

लोग रहते जहाँ प्रेम अरु नेह से,
कर्म होते वहाँ प्रेम के भाव से।
हर कठिन हो सरल प्रेम हो जिस डगर,
ज़िन्दगी नहिं चले प्रेम के त्याग से॥

लीन मीरा हुईं कृष्ण के प्रेम में,
प्रेम प्रसरित करीं भक्ति के भाव में।
हो चलीं मन मगन ज़िन्दगी धन्य कर,
हैं अमर आज भी प्रेम के अर्थ में॥

प्रेम पुष्पित करें भाव सहयोग का,
नेक संयोग का स्वस्थ परिवेश का।
शान व्यक्तित्व की प्रेम से ही बढ़े।
प्रेम आधार है इस सृजित सृष्टि का॥

प्रेम माँ से करो प्रेम पितु से करो,
जो दिये ज़िन्दगी मान उनका करो।
राष्ट्र के प्रेम प्रति हो समर्पित सदा,
त्याग परिपूर्ण हो धन्य जीवन करो॥

प्रेम हो नहिं जहाँ रार होवे वहाँ,
रार तक़रार से मिले खुशियाँ कहाँ!
प्रेम की नहिं निभे लोभ अरु द्वेष से,
है नहीं प्रेम जो सुख मिले फिर कहाँ॥

ईर्ष्या त्याग सहयोग करें

डॉ० सुरेश लाल श्रीवास्तव
(पता :- अम्बेडकरनगर, उत्तर प्रदेश)

सोचें तो संसार में, जीवन के दिन चार।
मानव जीवन में मगर, नहीं प्रेम व्यवहार।
ईर्ष्या, द्वेष, घृणा संग, सबकी है अति प्रीति।
इसके ही व्यापार से,दुख का बोझ अपार।।

थोड़े दिन की ज़िन्दगी,उसमें भी बहु रार।
स्वार्थ लोभ हित है यहाँ, आपस में तकरार।
कुछ दिन बीते पढ़न में, कुछ सेवा संयोग।
आगे अति अभिमान में, न बही प्रेम बयार।।

लड़ते हो जिस हेतु तुम, करते बैर विरोध।
बात बात में बड़ों पर, दिखा रहे हो क्रोध।
ज्ञान-मान सम्मान को,सौंप दिए पर हाथ।
रहे दूर उपभोग से, होने से अवरोध॥

मनस्ताप वह ताप है,दहन करे जो शरीर।
चिन्तायुक्त शरीर में,बढ़े रोग बहु पीर।
चिंता जनित तनाव से,सुख से ही गए दूर।
जीवन पथ प्रतिकूलता,उसे लगे ज्यों तीर॥

दुःख बांटे दुःख होत है, ऐसी जो थी रीति।
यथा कर्म ही फल मिले, रही ईश की नीति।
पलट गई सब सोच अब, बदली है हर बात।
अब तो सुख के देन से, मिलत नहीं है प्रीति॥

आना-जाना जीवों का, सदा अकेला होता है।
संसारी इस मेले में,कर्मों का खेला होता है।
आते ही इस दुनिया में, खूब झमेला है होता।
सारा रिश्ता स्वार्थ में,चूर-चूर हो जाता है।।

अर्थ प्रेम

डॉ० सुरेश लाल श्रीवास्तव
(पता :- अम्बेडकरनगर, उत्तर प्रदेश)

मानव तनाव से बोझिल क्यों?
हर रिश्ते प्रेम पियासे क्यों?
किस अर्थ जनों में रार मचे?
है जीवन में सुख-शांति न क्यों?

किससे किसका क्या रिश्ता है,
ये रिश्ता किससे जुड़ता है!
देखें तो पैसे के पीछे,
मानव बहु तेज दौड़ता है ॥

इसके चलते टूटे रिश्ते,
जुड़ते भी इससे हैं नाते।
बिखरी जीवन की मर्यादा,
धन दौलत पैसे के चलते ॥

जीवन जीने की चाह यही,
सबसे मिलने का भाव यही।
मिलता पैसे से प्रेमभाव,
इसकी ही तेज बयार बही ॥

नैतिकता आदर कौन करे,
गरिमा जीवन में कौन भरे!
इनको भी जकड़े पैसा है,
पथ नेकी के तब कौन चले !!

भौतिकतावादी सोचों में,
धनदौलतवादी कर्मों में।
मानव की प्रियता बहुत बढ़ी,
स्वारथ का जीवन जीने में ॥

जीवन क्षणभंगुर सब जानें,
फिर भी चलते सीना ताने।
प्रभुता जीवन में पैसे की,
हर जुबाँ इसी को है माने ॥

सारे जीवन के मूल्यों को,
आपसी प्रेम सहयोगों को।
पैसे ने अपने पक्ष किया,
जीवन के सारे नातों को ॥

है ख़ूब बढ़ी इसकी गरिमा,
बिन इसके जीवन की लघिमा।
न मिले तवज़्ज़ो बिन इसके,
सब गाते हैं इसकी महिमा ॥

सुख शांति छिनी इसके चक्कर,
आपस में होती है टक्कर।
अन्ततः छोड़ इन पैसों को,
पड़ जाता जाना सब खोकर ॥

आपसी प्रेम में भर कटुता,
रिश्तों नातों से तज मृदुता।
धन पीछे दौड़े जीवन भर,

व्यक्तित्व मान की कर लघुता ॥

जीवन हित भोजन का करना,
रहने हित घर का भी होना।
तन ढकना समुचित वस्त्रों से,
यद्यपि होते जीवन गहना ॥

फिर भी इनका अतिवाद न कर,
निज जीवन में नहिं घोल ज़हर।
सुख-शान्ति समन्वित जीवन जी,
कुछ तो परहित की चलें डगर ॥

हा कष्ट! न इनसे तृप्ति हुई,
धन-संचय की मन-वृत्ति हुई।
लोभी स्वार्थी व्यवहारों से,
जीवन की गरिमा क्षीण हुई ॥

मेरे हाइकु

डॉ० अमृत बिसारिया
(पता :- दुबई, यू०ए०ई०)

वंदे मातरम्
चरण पखारूँ मैं
देश हमारा।

चाँद सलोना
आकर्षित करता
जमीं आसमाँ।

शस्य श्यामला
तन मन वार दूँ
नमन करूँ।

आ रही गर्मी
तपिश की दावत
मौसम देता।

लदी डालियाँ
फल फूलो के संग
गुलशन में।

सरसों खेत
पीले फूलो से खिली
किसान ख़ुश।

पनिहारिन
कमर लचकाती
दिखती नहीं।

तपती धूप
झुलसता बदन
मेघा बरसो।

बूंद में ज्ञान
संस्कारों की धार से
गढ़े व्यक्तित्व।

ये बट वृक्ष
शीतलता की वृद्धि
तृप्त मन हो।

मिलता सुख
मर्यादित हो मन
अलंकरण।

पर्वतों के पेड़ों पर

डॉ० अमृत बिसारिया
(पता :- दुबई, यू०ए०ई०)

पर्वतों के पेड़ों पर शाम का बसेरा है।
धूप थक के सोई है, चाँद ने घेरा है।

झरनों की रवानी में गीत कोई गाता है,
वक्त जैसे ठहरा हो, दृश्य कितना गहरा है।

पंछियों की टोली भी लौटकर है आई अब,
घोंसलों में खुशियों का फिर नया सवेरा है।

ठंडी-सी हवाओं ने छू लिया है मन मेरा,
याद का कोई बादल आँख में ठहरा है।

दूर गाँव की गलियों से धुआँ-सा उठता है,
रोटियों की खुशबू ने घर का पथ घेरा है।

ज़िन्दगी की राहों में यूँ सुकून कम ही है,
आज इन फ़िज़ाओं ने दर्द को सँवारा है।

दिल को क्या बताऊँ मैं, क्यों ये मुस्कुराता है,
शायद इस नज़ारे में प्रेम का इशारा है।

मौसम ने ओढ़ी

डॉ० अमृत बिसारिया
(पता :- दुबई, यू०ए०ई०)

बसंत आया तो मन में नई उमंगें जाग उठीं,
फूलों की मुस्कान में जीवन की मुस्कान भरी।

मौसम ने ओढ़ ली है पीली चूनर धूप की,
धरती के कण-कण में मधुर तरंगें जाग उठीं।

कामरति की बाँसुरी फिर से स्वर भरने लगी,
नयनों की गलियों में कोमलता जाग उठीं।

रति के स्पर्श से सजी हर साँस सुगंधित हुई,
तन-मन के उपवन में नई तरंगें जाग उठीं।

बसंत आया तो जीवन राग गुनगुनाने लगे,
सूनी धरा पर फूल हँसकर मुस्कुराने लगे।

पीली धूप ने ओढ़ ली जब सरस चूनर हवाओं की,
हर दिशायें मौसम के गीत सुहाने लगने लगे।

कामरति की कल्पनाएँ जाग उठीं नयनों में,
सपनों के दीपक मन में ज्योतिर्मय हुए।

रति के कोमल स्पर्श से तन में मधुरता घुली,
अनकहे भाव शब्द बनकर लहराने लगे।

बसंत का महत्व है, जीवन को रस दे जाए,
नव सृजन की चेतना में प्राण समाने लगे।

ख्वाब आँखों में कई

डॉ० अमृत बिसारिया
(पता :- दुबई, यू०ए०ई०)

ख़्वाब आँखों में कई हैं, अधूरे से अभी,
इन्हें पूरा कीजिए, अर्सा गुज़र जाता है।
उम्र की रफ़्तार, रुख़-ए-मुक़द्दर है,
राह-ए-हक़ पाने में, अर्सा गुज़र जाता है,
रिश्ते नाज़ुक से धागों में पिरोए हुए,
इन्हें थामे रखिए, अर्सा गुज़र जाता है।
ज़िन्दगी इक किताब है, पन्ने पलटते हुए,
इसे पढ़ते रहिए, अर्सा गुज़र जाता है।
दिल के जज़्बात कहीं बिखर न जाएँ यूँ ही,
इन्हें सँजो लीजिए, अर्सा गुज़र जाता है।
वक्त की रफ़्तार से कदम मिलाना है अगर,
हर कदम बढ़ाइए, अर्सा गुज़र जाता है।
सच की राहों पे चलना है गर उम्र भर,
हर फ़ैसला कीजिए, अर्सा गुज़र जाता है।
हर खुशी और ग़म का हिसाब रखिए दिल में,
इन्हें महसूस कीजिए, अर्सा गुज़र जाता है।
आईना सच का कभी झूठ न दिखला पाए,
खुद को परख लीजिए, अर्सा गुज़र जाता है।
नफ़रतों की आँच में जल न जाए दिल,
मोहब्बत बाँटिए, अर्सा गुज़र जाता है।
हर लफ़्ज़ का असर होता है दिल पर,
बात कह दीजिए, अर्सा गुज़र जाता है।
मंज़िलें दूर सही, हौसला कम न होने पाए,
कदम बढ़ाते रहिए, अर्सा गुज़र जाता है।

वक्त का चश्मा

डॉ० अमृत बिसारिया
(पता :- दुबई, यू०ए०ई०)

वक्त का चश्मा चढ़ा है ऐसे,
आँखों के सामने अँधेरा है।

दूर तलक संग-संग चलो,
राहें दिखती नहीं पर सबेरा है।

सोचती हूँ जब ख्यालों में,
दूर तक उनका बसेरा है।

क्यों है खयालों का भरम अब,
शक की आँधियों ने आ घेरा है।

एक चेहरे पर इतने चेहरे हैं,
कैसे पहचानूँ कि कौन सा तेरा है।

धोखा देकर यूँ निकल जाना,
राहों में बेखुदी का फेरा है।

सच और यकीन अब कहाँ ढूँढें,
चालबाजी औ फ़रेब का डेरा है।

आईना

डॉ० अमृत बिसारिया
(पता :- दुबई, यू०ए०ई०)

आईना सब कुछ बताता रहा है।
हक़ीक़त सबकी दिखाता रहा है।

आईना में मेरी तस्वीर मुक़र्रर थी,
अक्सर वह मुझे जताता रहा है।

दिल पर चोट लगती है मुखौटा देख,
चिलमन उठा तो चेहरा मुस्कुराता रहा है।

देख कर परछाईं आईना में अपनी,
पूछा क्यों डरती नहीं समझाता रहा है।

महफ़िल में भी रह कर लोग तनहा हैं,
आँखों में अजनबीपन छाता रहा है।

चेहरा दिल का आइना आँखें बताती हैं,
दर्पण मन का अंदाज़े बयाँ करता रहा है।

पाँच तत्व में संवाद

डॉ० अमृत बिसारिया
(पता :- दुबई, यू०ए०ई०)

क्षिति बोली - मैं धरा हूँ, जीवन का आधार हूँ,
मेरी गोद में हर बीज का सपना साकार हूँ।

जल हँसकर बोला - मैं प्रवाह, मैं जीवनधार,
बिन मेरे सूना हर वन, सूना हर परिवार।

पावक जगा - मैं तेज, तपन और उजियारा,
अंधकार हर लूँ, बनूँ शक्ति का सितारा।

गगन ने कहा - मैं असीम, स्वप्नों का विस्तार,
मेरे आँचल में ही उड़ता मानव हर बार।

समीर मुस्काई - मैं स्पंदन, प्राणों की तान,
मुझसे ही धड़कता सृष्टि का मधुर गान।

पाँचों बोले संग - हमसे ही जग की शान,
हम बिन सूना होगा जीवन का विधान।

संतुलन में ही हमारा सच्चा मान,
मिलकर ही रचते हम सृष्टि का गान।

खुद की ही पहचान चाहिए

अविनाश ब्यौहार
(पता :- जबलपुर, मध्य प्रदेश)

खुद की ही पहचान चाहिए।
आवश्यक सामान चाहिए।।

सर पर है सूरज धधक रहा,
फिर दिन का अवसान चाहिए।

देखो अब त्यौहार आ गया,
खाने को पकवान चाहिए।

आओ सुंदर सी ग़ज़ल लिखें,
लिखने को अरकान चाहिए।

खेतों में ज्यों है फसल कटी,
रखने को खलिहान चाहिए।

युद्ध

अविनाश ब्यौहार
(पता :- जबलपुर, मध्य प्रदेश)

लोगों ने उसे दुत्कारा, अपमानित किया किन्तु वह खून का घूँट पीकर रह गया जैसे शिव ने हलाहल पिया था।

लगातार मिल रही असफलताओं ने उसे तोड़कर रख दिया था। निराशाएं उसे बिच्छू की तरह डंक मार रही थीं। वह हताश था। उसे इच्छित परिणाम प्राप्त नहीं हो रहे थे। वह नकारात्मक होता जा रहा था। वह शारीरिक और मानसिक रूप से हिल गया था।

जिन्दगी की भाग दौड़ उसके कोई काम न आई। बाहरी परिस्थितियाँ उसके अनुकूल नहीं थीं। हर चीज सफलता की राह में बाधा बन जाती थी। सहानुभूति जले पर नमक छिड़कने का काम करती थी।

वह एकांत में बैठा था। गहन विचार मुद्रा में लीन। जबकि उसके मन में युद्ध चल रहा था। भीषण युद्ध। विनाशकारी युद्ध।

वक्त के थपेड़ों ने उसे काठ का बना दिया था।

फर्क

अविनाश ब्यौहार
(पता :- जबलपुर, मध्य प्रदेश)

उन्होंने मुझसे पूछा - "शासकीय स्कूल और कॉन्वेन्ट स्कूल का भविष्य क्या है? बताइए।"

मैंने कहा - "शासकीय स्कूल वाले विद्यार्थी या तो परचून की दुकान खोल लेंगे या सब्जी का ठेला लगाने लगेंगे या फेरी वाले बन जाएंगे जबकि इसके विपरीत कॉन्वेन्ट स्कूल वाले आईएफएस, आईपीएस या आईएएस बनेंगे और प्रशासन संभालेंगे क्योंकि कॉन्वेन्ट स्कूल तकनीक और पाठ्येतर गतिविधियां प्रदान करते हैं, अच्छे संस्कार और सिद्धान्तों को उनमें समाहित करते हैं, उनका सर्वांगीण विकास होता है।"

मैंने आगे कहा - "कॉन्वेन्ट स्कूल वाले विद्यार्थियों के पास आगे चलकर सत्ता की बागडोर होती है और शासकीय स्कूल वाले निरीह आम जनता होते हैं।"

दोनों स्कूलों के बीच उसे फर्क समझ में आ गया था यानि एक राजा भोज था तो दूसरा गंगू तेली।

अपमान

अविनाश ब्यौहार
(पता :- जबलपुर, मध्य प्रदेश)

वकील ने कूट-रचना कर याचिका बनाई और उसमें फर्जी दस्तावेज लगा दिए। इसके लिए उसने मुवक्किल से मुंह मांगी फीस ली। याचिका कोर्ट में दायर हो चुकी थी।जब सुनवाई के लिए मामला लगा तब वकील ने अनेकों दलीलें पेश कीं। जज साहब वकील की दलीलों से सहमत थे इसलिए निर्णय उनके पक्ष में हुआ।

इस जीत का सब उत्सव मना रहे थे। मिठाइयां बाँटी जा रही थीं। किसी को कानों-कान खबर न थी कि यह फर्जीवाड़ा है। मनगढ़ंत दावा है।

मैं उस केस को पूर्णरूपेण भाँप गया था और मेरे मुख से अनायास ही निकल पड़ा - यह तो संविधान के साथ फ़ूहड़ और भौंड़ा मजाक है। संविधान की प्रतिष्ठा पर कीचड़ उछालना है। संविधान का घोर अपमान है।

और मैं देश की दुर्दशा पर आँसू बहाने लगा।

नैतिक नीचता

अविनाश ब्यौहार
(पता :- जबलपुर, मध्य प्रदेश)

देश में हो हो रहे विप्लव को देखकर वे गंभीर मुद्रा में बोले - "नैतिक नीचता से क्या आशय है?"

मैंने उन्हें इसका अभिप्राय समझाया - "धोखाधड़ी और बेईमानी, हिंसा और दुराचार, न्याय में बाधा, झूठी गवाही, अभिलेखों में चालाकी से फेरफार और समाज - विरोधी कृत्य नैतिक नीचता है। नैतिक नीचता का सही मायने में अर्थ गंभीर नैतिक पतन से है। यह केवल नियम का उल्लंघन नहीं करता वरन् यह चरित्र की नीचता को दर्शाता है। इससे मूल्यहीनता आती है। नैतिक मूल्यों के अभाव में सामाजिक अशान्ति उत्पन्न हो सकती है जबकि नैतिकता असल में मानव संबंध के लाभ के लिए है। नैतिकता मानव जीवन को समृद्ध बनाती है। नैतिकता विहीन दुनिया किसी काम की नहीं।"

वे बोले - "हर काम नियंत्रण से बाहर हो रहा है जबकि नियंत्रण की परम आवश्यकता है। यह बात मेरी समझ से परे है कि आधुनिक समाज में यह सब सामान्य बात क्यों है?"

मैंने सख्ती के साथ कहा - "हर चीज का मानदंड स्थापित होना चाहिए। हर कसौटी पर व्यक्ति को खरा उतरना चाहिए। इन सब बातों का न होना यह दर्शाता है कि इन्सानियत का अधोपतन हो गया है।"

हम दोनों समवेत स्वर में बोले - "चरित्र निर्माण के लिए नैतिकता सर्वोपरि है।"

जिंदाबाद

अविनाश ब्यौहार
(पता :- जबलपुर, मध्य प्रदेश)

अनूप सरकारी कार्यालय से लौट कर आया तो ज्वालामुखी के समान फट पड़ा, मन की भड़ास निकालते हुए और जली कटी सुनाते हुए राहुल से बोला - "तुम दफ्तरशाही / नौकरशाही / लालफ़ीताशाही के विषय में क्या जानते हो?"

अनूप कार्यालयीन व्यवस्था को लेकर बहुत आक्रोश में था। राहुल उसे ढाँढ़स बंधाते हुए बोला - "माना कि कार्यालय है, कार्यालय में अधिकारी हैं, मातहत कर्मचारी हैं, मातहत कर्मचारी हमेशा यस सर-यस सर, जी सर-जी सर, हाँ जी - हाँ जी करते हैं। ये तो जी-हुजूरी हुई, ताबेदारी हुई, तो फिर लोकतंत्र कहाँ है। क्या लोकतंत्र को दफ़्तरशाही लील गई? यदि ऐसा है तो बड़ा अनर्थ हुआ। दफ़्तरशाही में मानवीय संवेदनाओं का ख्याल नहीं रखा जाता है। यह जनता के प्रति उदासीन रहती है। इससे भ्रष्टाचार पनपता है। फाइलों का निपटारा विलंब से होता है। अनावश्यक औपचारिकताओं की वजह से कागज़ी कार्यवाहियों का बोझ बढ़ता है। अधिकारी पद का दुरुपयोग करते हैं जिससे नवाचार में कमी आती है। नियमों का मकड़जाल फैला रहता है। प्रशासनिक लेट लतीफी होती है। नौकरशाही में मातहत कर्मचारी मानसिक गुलामी में जीता है।"

राहुल की बात सुनकर अनूप बोला - "जय बोलो बेईमान की! भ्रष्टाचार ज़िंदाबाद! और दोनों ठठाकर हँस पड़े।"

शादी की सालगिरह

गणपत लाल उदय
(पता :- अजमेर,
राजस्थान)

आज हमारी है साथियों, शादी की सालगिरह,
जोड़ी सलामत रहे हमारी, दुआएं देना इस तरह।
कभी ना उतरे हम दोनों का चढ़ा प्रेम का बुखार,
खुशियों का यह सांसारिक मिलन रहे इस तरह॥

ग़म का साया कभी न आए खुशियों बीच हमारे,
हर दिन नई खुशी मनाएँ वो पलकों बीच हमारे।
यह ईश्वर की सब देन है जो जोड़ी बनाये हमारी,
ऐसे ही सलामत रखना प्रभु हरिनारायण हमारे॥

भेजा है जो बधाई सन्देश एवं शुभकामनाएँ हमें,
जल्दी बताएँ पार्टी करनी है आप सभी की हमें।
केक कटेगा डांस भी होगा झूम उठेगा पूरा जहां,
नाम नोट करवा दो सभी एवं नंबर भी देना हमें॥

हमारे विवाह की आज है ये बत्तीसवीं वर्ष-गांठ,
रूखा-सूखा जो मिला हम मिलकर खाए हैं बांट।
सुख-दुःख कई आते रहे और दोनों ही सहते रहे,
प्रेम-प्यार से दिन गुजरे सर्वदा रहा घर में ठाठ॥

सुने कम-सुनाए ज्यादा ऐसा भी बहुत बार हुआ,
कभी हमारा कभी इसका दिमाग अपसेट हुआ।
लेकिन ईश्वर की कृपा से ये रिश्ता बरकरार रहा,
आने वाले वक़्त के लिए करना आप सब दुआ॥

महात्मा गौतम बुद्ध

गणपत लाल उदय
(पता :- अजमेर, राजस्थान)

अनेक विद्वानों को जिसने अपना गुरु बनाया,
वह सिद्धार्थ से महात्मा गौतम बुद्ध कहलाया।
राज-काज, युद्ध की विद्या एवं शिक्षा भी लिया,
गुरुदेव विश्वामित्र से वेद और उपनिषद् पाया॥

बचपन से ही हृदय में जिनके करुणा भरी थी,
किसी जीव की पीड़ा इनसे देखी न जाती थी।
ईसा से ५६३ वर्ष पहले हुआ था इनका जन्म,
लेकिन जन्म के ७ दिन बाद मां चल बसी थी॥

कुश्ती, घुड़दौड़, तीर-कमान में थे बहुत माहिर,
नहीं था कोई भी रथ हाँकने में इनके बराबर।
जीती बाज़ी भी हार जाते देखकर ये बुरे हाल,
खुशी मिलती जीत दिलाकर चाहे हारें हरबार॥

इनके जन्म के समय हो गयी थी भविष्यवाणी,
सिद्धार्थ से गौतमबुद्ध तक की है ढेरों कहानी।
सत्य को जिसने है जाना बौद्धधर्म उसने माना,
माता महामाया कपिल वस्तु की थीं महारानी॥

है अनमोल सभी का जीवन, समझाया देशों में,
बौद्ध धर्म को अपनाया आज बहुत विदेशों में।
२६ वग्ग ४२३ श्लोक है बौद्ध धर्म समझाने में,
धम्मपद का वो स्थान है जो रामायण गीता में॥

ऐसी भीषण गर्मी

गणपत लाल उदय
(पता :- अजमेर,
राजस्थान)

धर लिया है गर्मी ने अभी से यह विकराल रूप,
ऐसी भीषण गर्मी से ये शक्लें हो रही हैं कुरूप।
तप रही है धरा एवं सभी प्राणियों का यह बदन,
बुझ ना रही प्यास किसी की पड़ रही ऐसी धूप॥

यह सहा नहीं जा रहा ताप, दिन चाहे वो हों रात,
भास्कर ने फैलाई है माया, दया करें ईश्वर आप।
कूलर, पंखे और एसी आज सभी दे रहे जवाब,
भभक रही सारी धरती, बरस रहा सूर्य का ताप॥

दहल रहा है गाँव-गाँव और नगर-शहर परिवार,
खेत-खलिहान भी झुलस रहे यह कैसी है मार।
सूख रहे हैं गाँव के छोटे बड़े यह पोखर तालाब,
बड़ी-बड़ी सड़कें भी अपना छोड़ रहीं कोलतार॥

रोम-रोम से झर रही है सभी के पसीने की धार,
मच्छर भी गुनगुना रहे हैं अब जैसे राग मल्हार।
साँय-साँय करती हवाएँ, उड़ रही आँधी भरमार,
जेठ सी गर्मी लू के थपेड़े, गगन से बरसे अंगार॥

हे सूरज भगवन्! अब करो नहीं हमें परेशान,
उमड़-घुमड़कर कर आ जाओ हे मेघराज बरसात।
इस गर्मी ने लूट लिया सभी का अमन सुखचैन,
गंग-जमुन की धार बहाकर हमको दो सौगात॥

आत्मा बोली पिया कर दो विदा

गणपत लाल उदय
(पता :- अजमेर,
राजस्थान)

तुम्हारी कहानी कर रहा बयां आई नहीं मुझे दया,
कह रही थी अलविदा कर दे पिया मुझको विदा।
इतने ही दिन का साथ है यह हमारा और तुम्हारा,
बोल रही थी तेरी आत्मा जो हो रही मुझसे जुदा॥

बेटी-बहू, मां-सास बनकर बन गई थी मैं दादी-मां,
फिर भी मेरी वही दौड़-भाग खाना एवं पानी ला।
कहाँ है फाइल कहाँ जूता कहाँ रखा वो पर्स मेरा,
बच्चे भी चिल्लाते रहते टिफिन पानी-बोतल ला॥

मेरा न आया कोई रविवार, न आया कोई त्यौहार,
लेने आ गया है मुझको अब यमराज अपने द्वार।
बोल रही है आज आत्मा हमारी चिल्ला चिल्ला कर,
जा रही हूं आज छोड़कर ये संसार और घर बार॥

सबका ध्यान रखा है मैंने, दिया न स्वयं पर ध्यान,
किसी पर गुस्सा नहीं करना, अब करना सम्मान।
चुपचाप सब की सुन लेना, मुंह पर रखना लगाम,
चश्मा, छड़ी साथ रखना चाहे सह लेना अपमान॥

पानी का जग रखना है भरकर अपने बिस्तर पर,
पी लेना और ले लेना दवाईयां अपनी समय पर।
आपको मेरी कमी अखरेगी मेरे यहां से जाने पर,
जो मिले वह खा लेना, हुकुम ना चलाना बहू पर॥

पास के ग्रामीण बैंक में है एक खाता मेरे नाम से,
एक-एक पैसा बचाया यही बात छुपायी आपसे।
लगभग बीस लाख हो गये हैं ले लेना ज़रुरत पर,
पांच-पांच लाख कर देना बेटे-बेटियों के नाम से॥

लड़की हुई है धीरे से कहने वालों

गणपत लाल उदय
(पता :- अजमेर, राजस्थान)

अब हमें पहचानो गाँवों शहरो में रहने वालों,
कम नहीं हैं हम किसी से सिर ऊँचा उठालो।
लड़की हुई है, इस तरह धीरे से कहने वालों,
देख लो परिणाम हमारा बेटियों को पढ़ालो॥

ऊँच-नीच के भेदभाव से अपने को जगा लो,
जात-पात की यह दीवारें नीचे अब गिरालो।
लिंग-भेद न करो ये बात सबको समझा लो,
बच्चा-बच्ची समान समझे ये बात बिठा लो॥

गाँव, गली ढाणी-ढाणी ये अभियान चलालो,
बेटी-बचाएँ, बेटी-पढ़ाएँ बात गाँठ बाँध लो।
अंधकार मे न गिराओ अंध कुरीति मिटालो,
सोचो-समझो, करो समीक्षा, मानस बना लो॥

देख लो टीवी समाचार, अखबार भी पढ़ लो,
आज इस आधुनिक युग में सभी समझ लो।
है मानव का निर्माण बेटी, अब यह जान लो,
कन्या-भ्रूण-हत्या वालों का अब संज्ञान लो॥

अब सभी रूढ़िवादी परम्पराओं को हटा लो,
उन्नति की धारा को मानव-हित में जोड़ लो।
आरएएस आईएएस बोर्ड परिणाम देख लो,
इन शुभ रत्नों को पढ़ाई की तरफ़ मोड़ लो॥

भगवान परशुराम

गणपत लाल उदय
(पता :- अजमेर,
राजस्थान)

भगवन हरि विष्णु के आप थे छठवें ऐसे अवतार,
राम समान शक्तिशाली, थे रखते फरसा हथियार।
वीरता का साक्षात उदाहरण एवम् नाम परशुराम,
अहम भूमिका निभाये थे जो त्रेतायुग एवं द्वापर॥

जो अपना गुरु भगवान शिव-शंकर को मानते थे,
महेन्द्र गिरि पर्वत जाकर कठोर तपस्या किए थे।
प्रसन्न होकर भोलेनाथ दिव्य अस्त्र इनको दिए थे,
जिनसे युद्ध निपुणता, अजेय रहें, वरदान पाए थे॥

ब्राह्मण कुल में जन्मे पर युद्ध में अधिक रुचि थी,
पूर्वजों के निर्देश से शिव जी की तपस्या की थी।
बैसाखमास में शुक्लपक्ष की तृतीया को जन्मे थे,
सप्तऋषि जमदग्नि पिताजी व माता रेणुका थी॥

इस रोज लगाते हैं भक्तगण जगह-जगह भण्डारे,
रामभद्र भार्गव भृगुपति भृगुवंशी नाम से पुकारे।
मंदिरों में हवन-पूजन के आयोजन भी रखे जाते,
भोजन-प्रसादी का लाभ उठाते लगाते जयकारे॥

बढ़-चढ़कर करते इस-रोज अधिकांश लोग दान,
भीष्म, द्रोण व कर्ण को इन्होंने दिया शस्त्र ज्ञान।
इस दिन किये गए पुण्य का मिलता पुण्य अपार,
अनसुलझे इनके बहुत रहस्य परशुराम भगवान॥

उम्मीद-ए-चिराग़

जयराम जख़्मी
(पता :- सहरसा, बिहार)

उम्मीद-ए-चिराग़ अब भी जलाए बैठा हूँ,
दिल्लगी जो तुमसे लगाए बैठा हूँ।
तुम्हें छोड़कर अब जाएँ कहाँ,
सब कुछ तो तुझपे लुटाए बैठा हूँ।

तू जान है, जहान है, भगवान है मेरा,
तू डूबती नैया का निगेहबान है मेरा।
इतना तो विश्वास बनाए बैठा हूँ,
दिल्लगी जो तुमसे लगाए बैठा हूँ।

तू अरमान है, अभिमान है मेरा,
तू जो नहीं तो क्या, पहचान है मेरा।
सामने है कुछ न, छुपाए बैठा हूँ,
दिल्लगी जो तुमसे लगाए बैठा हूँ।

"जख़्मी" है जान, कुर्बान है मेरा,
शायद यही इम्तिहान है मेरा।
जिंदगी भी दांव पे लगाए बैठा हूँ,
दिल्लगी जो तुमसे लगाए बैठा हूँ।

चेतावनी

जयराम जख़्मी
(पता :- सहरसा, बिहार)

क्यूँ आके रो रहा है, दुनिया की भीड़ में।
खुद को तू खो रहा है, दुनिया की भीड़ में।

रोने से ना मिला है, न मिलेगा कभी तुझे,
जिंदगी मिटा रहा है, दुनिया की भीड़ में।

हँसकर ही जिंदगी को, जीने में है मज़ा,
रोकर लुटा रहा है, दुनिया की भीड़ में।

अपनों से खौफ़ दुनिया को, गैरों से क्या गिला,
चेहरा दिखा रहा है, दुनिया की भीड़ में।

'जख़्मी' जिगर में थोड़ी सी उनकी जगह भी रख,
दुनिया समा रहा है, दुनिया की भीड़ में।

सौ में सौ कहाँ सच्चे हैं

जयराम जख़्मी
(पता :- सहरसा, बिहार)

किसी ने कहा चाँद अच्छा है,
हमने कहा उसमें भी दाग है।
किसी ने कहा तो सूर्य अच्छा है,
हमने कहा उसमें भी आग है।
फिर उसने कहा तो फूल अच्छे हैं,
मैंने कहा कांटे उसमें हैं।
उसने कहा तब तुम्हीं बताओ,
पाँच नहीं बस एक गिनाओ।
कहने की लाखों बातें हैं,
बात -बात में जज्बातें हैं।
कह नहीं सकता क्या है सच्चाई,
सब में कुछ न कुछ है बुराई।
हम माटी के लोग हैं सारे,
झूठ-सांच के हम हैं मारे।
हारकर दिल तो यही कहता है,
कहीं बुरे, कहीं हम अच्छे हैं,
सौ में सौ कहाँ सच्चे हैं !!

एहसास ऐसा कुछ होने लगा है

जयराम जख़्मी
(पता :- सहरसा, बिहार)

धीर-धीरे आग अब, सुलगने लगा है।
हवा का रुख फिर से, बदलने लगा है।

फिर से जलेगा झोपड़ी उस गरीब का,
टूटा हुआ दिल कह रहा है हबीब का।
एहसास ऐसा कुछ, होने लगा है।

कहीं जल रहा है, कहीं फिर जलेगा,
जख़्म ये दिलों का फिर न भरेगा।
यही सोचकर दिल धड़कने लगा है।

आगाज़ है अंजाम जो भी होगा,
नाम किसी का, बदनाम कोई होगा।
अभी से मेरा मन डरने लगा है।

मोहब्बत का मौसम, बदलता रहेगा,
'जख़्मी' का दिल यूं, तड़पता रहेगा।
कहीं धूप, छांव कहीं, करने लगा है।

इक नज़र देख ले

जयराम जख़्मी
(पता :- सहरसा, बिहार)

इक नज़र देख ले मुझको ऐ जाने वाले।
क्या ख़ता हमने किया दिल को जलाने वाले।

तोड़ कर दिल ये मेरा, तुम भी न चैन पाओगे,
तुम भी तड़पोगे, तड़प हमको देने वाले।

वादे, कस्में, वो वफाएं जरा याद करो,
अपने दिल से मेरी यादें भूलाने वाले।

लाल जोड़े में सजी बैठी रह जाओगी,
ऐ मेरे खून से मेहंदी रचाने वाले।

'जख़्मी' दुनिया तो उजड़ी है सबब-ए जफा,
तेरी दुनिया भी उजड़ेगी, उजाड़ने वाले।

खिली कलिका

रामेश्वर लाल महरड़ा 'सजग'
(पता - सांभर लेक, राजस्थान)

खिली कलिका से झरा है मकरंद,
भ्रमर मंडरा रहा पीता वह मकरंद।
तितलियाँ झुंड बनाकर देखती रही,
गुनगुनी धूप का वे आनंद लेती रही।

भँवरा गीत सुनाता कलियाँ खिलती,
महक गया बसंत दुल्हन बनी धरती।
धरा पर सरसों की कलियाँ महकी,
मंद-मंद ठंडी हवा सरसराती चलती।

कान्हा यमुना तट रासलीला रचाए,
राधा प्यारी सखियों संग गीत गाए।
ग्वाल बाल कान्हा संग खेलत जाए,
राधा की सखियों को ठिठोली भाए।

दिल तुम्हें हर पल याद करता है

रामेश्वर लाल महरड़ा 'सजग'
(पता - सांभर लेक, राजस्थान)

प्रिय दिल तुम्हें हर पल याद करता है,
तुम्हारे लिए ही आँखों से प्रेम झरता है ॥
तुम ही तो मेरे दिल में हमेशा रहती हो,
फिर भी यह दिल तो कहाँ समझता है।

मैं तो दिल लगा बैठा हूँ, तुम्हारी यादों में,
सपने में दिखती हो, छुप जाती चुपके से।
बिना आपके अधूरेपन का ये अहसास है,
तुम आ जाओ न अब तो चुपके-चुपके से।

दिल को सदाबहार बना दो, तुम प्यार से,
ज़िंदगी बीत रही है, पल-पल अनुराग में।
यह चमन महक उठेगा, तब मोहब्बत से,
अब नहीं सताओ, टूटे दिल को जीवन में।

तुम्हारी हर पल याद सताती है, साँसों में,
दिल ना माने समय बीत रहा है तन्हाई में।
यह जीवन जी रहा हूँ, मैं तो अकेलेपन में,
अब आ जाओ न प्रिय, तुम मेरे जीवन में।

मुझे कुछ कहना है

रामेश्वर लाल महरड़ा 'सजग'
(पता - सांभर लेक, राजस्थान)

भारती माँ मैं अर्पण क्या करूँ तुझे,
सत्य कहीं खो गया है ढूँढे कहाँ उसे।
कौन हिन्दू हुआ, कौन मुस्लिम हुआ,
धर्मांधता की आग जली ये क्या हुआ।
मुझे कुछ कहना है, मुझे कुछ बतलाना है।

भेदभाव बढ़ता गया, प्रेम खोता गया,
आदर्श मिटता गया क्रोध बढ़ता गया।
कवि हृदय रो उठा, दर्द-ही- दर्द उठा,
झूठों का कहर टूटा मन उद्वेलित उठा।
मुझे कुछ कहना है, मुझे कुछ बतलाना है।

अब मानव मानव की पीड़ा कहाँ हरे,
भावनाओं की कद्र अब मानव कब करें।
जाग उठी करुणा अब नैनों से आँसू झरे,
दर्द है काव्य में, मातृभूमि की कौन सुने।
मुझे कुछ कहना है, मुझे कुछ बतलाना है।

बीत गयी कई सदियाँ यहाँ लोग आते रहे,
धरा व्यथित हो सब कुछ सहन करती रही।
मानव कहाँ पर बदला, धर्म रंग रंगता रहा,
पीर भी मातृभूमि के आँचल में पलती रही।
मुझे कुछ कहना है, मुझे कुछ बतलाना है।

शिष्टाचार

रामेश्वर लाल महरड़ा 'सजग'
(पता - सांभर लेक, राजस्थान)

जो मानव मर्म को छू जाए, वही है शिष्टाचार,
अच्छे आचरण सद्-व्यवहार से बनता शिष्टाचार।

शिष्टाचार व्यवहार मानव जीवन का सौंदर्य है।
शिष्टता प्रतिभा के तत्वों से महकता शिष्टाचार।

अच्छे लोगों के साथ सभी लोग अच्छे रहते हैं,
बुरे के साथ अच्छे बनने पर इतिहास बनता है।

कर्मशील से जीवन में अच्छा परिवर्तन होता है,
स्नेह और सहयोग शिष्टाचार के मूल आधार हैं।

बड़ों का सम्मान, छोटों के प्रति स्नेह भाव रखें,
इसी शिष्टाचार को ज़िंदगी में सदैव ध्यान रखें।

इस अच्छी भावना से फल की प्राप्ति होती है,
ये प्रतिफल कुछ समय बाद मिलता ध्यान रखें।

दिल से अमीर बन

रामेश्वर लाल महरड़ा 'सजग'
(पता - सांभर लेक, राजस्थान)

दिल से अमीर तो बन, मानवता को गले लगा,
दया प्रेम का सागर बन, इंसानियत को जगा।

धन-दौलत तो छलावा है, नर क्यों भटक रहा ,
शोषक बन क्यों लूटे, दिल में प्रेम भाव जगा।

इंसान है तो इंसान बनकर रह, हैवान क्यों बनें,
जो करता है गरीब की सेवा, दिल से महान बनें।

जीवन मिला है अनमोल, कर्मयोगी क्यों न बनें,
सच्चे मन से कर्मयोगी बन, दिल में सुमन खिलें।

मिलेगी तुम्हें असीम दुआएँ, मन प्रसन्न हो जाए,
दौलत से अमीर बना है, तेरे मन को दौलत भाए।

सुख चैन सब गायब, दिल में ठगनी घर कर जाए,
नर दिल से अमीर बन, माया तो ठगनी बन जाए।

न उछालो मुझको

कशिश नगीनवी
(पता :- कालसी, उत्तराखंड)

रुस्वा होने से बचा लो मुझको।
सिक्के की तरह न उछालो मुझको।

मेरी हस्ती है फ़कत, गीली मिटटी,
मन चाहे साँचे में ढालो मुझको।

शब़ ए फुर्कत नींद आती नहीं,
बाहों के तकियों में सुला लो मुझको।

गर्द ओ गुबार, तस्वीर धुंधली हुई,
आईने की तह में खँगालो मुझको।

वज़्म ए हासिल है, जुगनू ए 'कशिश',
जब चाहो जला लो, बुझा लो मुझको।

इतना मजबूर न कर

कशिश नगीनवी
(पता :- कालसी, उत्तराखंड)

सितम इतना ऐ पैकर ए मग़रूर न कर।
तुझे बेवफा कह दूं इतना मजबूर न कर।

बड़ी हसरत से सँवारा है ये आईना,
इसे बेरुखी से, तू चकनाचूर न कर।

तू हुस्न के आसमां का मुकम्मल चाँद है,
हिक़ारत की नज़रों से इसे बेनूर न कर।

अँधेरा बहुत होगा तेरे सफ़र की राह में,
जुगनू ए 'कशिश' को खुद से तू दूर न कर।

टूटते रिश्ते सँभाल रक्खे हैं

कशिश नगीनवी
(पता :- कालसी, उत्तराखंड)

टूटते रिश्ते सब ही मैने सँभाल रक्खे हैं।
अभी तक एक तरफा, सभी अहवाल रक्खे हैं।

मुझे मालूम है डँस लेंगे ये मुझको किसी शब,
मगर फिर भी नाग आस्तीन में पाल रक्खे हैं।

दोस्ती के पैरहन में दिखते हैं दुश्मानी ज़िस्म,
मगर सूरत अभी तक सूरत-ए-हाल रक्खे हैं।

यक़ीनन चाहता हूँ 'कशिश' उसे बेवफ़ा कह दे,
मगर दिल ने वफ़ा के कुछ सवाल रक्खे हैं।

मुस्कराया कर

कशिश नगीनवी
(पता :- कालसी, उत्तराखंड)

आँसुओं की नुमाईश न लगाया कर।
दर्द के मौसम में भी मुस्कराया कर।

बरस के निकल जायेगा मौसमी बादल,
ज़ब्त की धूप में काज़ल सुखाया कर।

हासिल न हो जिसकी छाँव न खुशबू,
अपने आँगन में वो पौधे न लगाया कर।

चाहत है अगर चरागों के उज़ालों की,
तो जुगनुओं की तरह झिलमिलाया कर।

'कशिश' पे पत्थर उछालने से पहले
ख़ुद को आईना ज़रूर दिखाया कर।

जीवन बगिया को महकाना सीखो

जीवन बगिया को महकाना सीखो।
पुष्प समर्पण के खिलाना सीखो।

स्वीकार अगर हो मंजिल अपनी,
मुड़ती राहों पर बल खाना सीखो।

नेह-स्नेह पाना है सरपरस्तों का,
बुज़ुर्गों के आगे सर झुकाना सीखो।

छँट जायेगी पग-पग की श्यामलता,
मन दीपक से प्रकाश फैलाना सीखो।

कशिश नगीनवी
(पता :- कालसी, उत्तराखंड)

मेरी प्यारी हिंदी भाषा

विक्रम यादव
(पता :- आगरा, उत्तर प्रदेश)

विचारों की यही एक मात्र आशा,
मेरी प्यारी हिंदी भाषा।
जग - जग में विख्यात है,
कुछ तो इसमें बात है।
भावनाएँ व्यक्त करता हूँ जब ,
हिंदी को याद करता हूं तब।
विदेशी भाषाओं ने बनाया तमाशा,
मेरी प्यारी हिंदी भाषा।

खून - खून में दौड़ती है हिंदी,
हर एक के जुनून में दौड़ती है हिंदी।
बोलने पर गर्व महसूस कराती है हिंदी,
कुछ विदेशी परस्त लोगों को मायूस कराती है हिंदी।
इसके शब्दों में प्रेम बेतहाशा,
मेरी प्यारी हिंदी भाषा।

जैसी बोली वैसी लिखी भी जाती,
कविताओं, उपन्यासों से वाह–वाही पाती।
संगीत के खाँचे में जब ढाल दी जाती,
जन - जन के हृदय में सदैव बस जाती,
आगे भी सीखने की रहेगी अभिलाषा,
मेरी प्यारी हिंदी भाषा।

जीवन

विक्रम यादव
(पता :- आगरा, उत्तर प्रदेश)

रात के सन्नाटे में भी शोर नजर आ रहा,
कुछ तो उथल-पुथल चल रही है जीवन में,
सपनों ने तो बहुत पहले ही घर कर रखा है,
अब कई ख़्वाहिशें भी बह रही हैं मेरे मन में,
बड़े होने की ज़िद किया करते थे कभी,
अब लगता है कि बस लौट जाएँ बचपन में,
संघर्ष की सीढ़ी चढ़ते-चढ़ते लगने लगा है
कि कब आएगी बहार अब इस गुलशन में,
यूँ तो कई मिल जाते हैं गुमराह करने वाले,
सही तस्वीर तो तभी मिलती जब देखते खुद को दर्पण में,
दिल कुछ कहता है दिमाग के अपने तर्क हैं,
एक मैं ही पिस जाता हूँ इन दोनों के आंदोलन में,
लड़ेंगे वक़्त से और इस दौड़ती दुनिया से,
कमजोर नहीं हुए हैं, अभी बहुत जान है इस तन में।

जीवन में क्यों आते हैं लोग

विक्रम यादव
(पता :- आगरा,
उत्तर प्रदेश)

भरोसे के बदले में सिर्फ़ छलावा मिला,
कुछ नहीं मिला मुझे बस पछतावा मिला,
नहीं दे सकते साथ तो निभाते क्यों है लोग,
जाना ही होता है जब तो ज़िन्दगी में आते क्यों हैं लोग।

बात - बात पे वो बस वादा करते हैं,
हम यकीन उन पर कुछ ज़्यादा करते हैं,
तोड़कर मेरा यकीन भी इतराते क्यों हैं लोग,
जाना ही होता जब तो ज़िन्दगी में आते क्यों हैं लोग।

अभी कल ही एक नज़ारा देखा मैंने,
वहीं शख्स आँखों के सामने दोबारा देखा मैंने,
दूसरों को दुख देकर मुस्कुराते क्यों हैं लोग,
जाना ही होता है जब तो ज़िन्दगी में आते क्यों हैं लोग।

एक खाली शरीर हूँ सबसे बेखबर हूँ मैं,
उन सबके चेहरे भूलने को अब तत्पर हूँ मैं,
फिर भी अक्सर ज़हन से टकराते क्यों हैं लोग,
जाना ही होता है जब तो ज़िन्दगी में आते क्यों हैं लोग।

मैं

विक्रम यादव
(पता :- आगरा,
उत्तर प्रदेश)

जब-जब दिखी उम्मीद की किरण तो बढ़ाया कदम,
जैसे ही दिखा अंधियारा तो वापस घर गया हूँ मैं।

ये कैसे कौतूहल में उलझा देती है दुनिया,
घबरा गया हूँ अब थोड़ा सिहर गया हूँ मैं।

मंज़िल अधूरी रह गई कुछ मगर अफसोस नहीं,
रास्ते तय किए तो शायद कुछ तो कर गया हूँ मैं।

होड़ सी लगी है कोमल रास्तों पर चलने की,
मुझे दिखे काँटे फिर भी मगर गया हूँ मैं।

समझ रहे हैं कुछ नादान की कमज़ोर हूँ मैं,
उन्हें क्या लगता है कि डर गया हूँ मैं?

ये ज़िन्दगी मुझे न जाने कैसे ढूँढ लेती है,
क्या कभी इसके दर पर गया हूँ मैं?

गिराने की कोशिश बहुत हुई मगर जोश से हूँ लबालब,
पता नहीं आखिर किस पर गया हूँ मैं।

मेरी घरवाली

विक्रम यादव
(पता :- आगरा, उत्तर प्रदेश)

यूँ देखूँ तो घर में रौनक है आज,
मगर जीवन में कुछ तो खाली है,
जगमग शहर दे रहा है गवाही,
ऐसा लग रहा जैसे हर तरफ खुशहाली है,
कोई मेरे दिल से तो पूछो क्या बीत रही उस पर
हाय ये कैसी किस्मत मेरी, ये कब तक चलने वाली है,
आ रही है सुबह से मुझे हर पल उसकी याद,
बिगड़ रही थी मेरी स्थिति, बड़ी मुश्किल से संभाली है,
कब पार करोगी मेरे घर की दहलीज तारीख तो बता दो,
मैं भी गा कर बताऊँ सबको आ रही मेरी घरवाली है,
बहुत इच्छा है आँगन में तुम्हें दीया जलाते देखूँ,
दुनिया भी देखे और कहे ये लड़की सौभाग्यशाली है,
नहीं लगता किसी त्योहार में तुम्हारे बिना मन,
क्योंकि तुमसे ही मेरी होली और तुमसे ही मेरी दीवाली है।

तेरे मेरे मुल्क

बिनोद कुमार सिंह
(पता :- गोपालगंज, बिहार)

आज वही हो गया जिसका उसे वर्षों से डर था, इसी से बचने के लिए तो उसके माता-पिता ने उसे एक रिश्तेदार के यहाँ आट्टा-चक्की पर काम करने के लिए भेजा था, ताकि उनका इकलौता लड़का गाँव की राजनीति से दूर रहे क्योंकि गाँव की राजनीति में जितनी मेहनत की जाए कुर्सी उतनी ही दूर भागती नज़र आती है, कभी संयोगवश कुर्सी के पास पहुँच भी गए तो उम्र दग़ा दे जाती है।

बड़े प्यार से घर के लोगों ने उसका नाम हरिमिलन रखा था, किन्तु उसके सारे काम नाम के विपरीत थे, इसीलिए तो पाँचवी जमात के उस पार नहीं जा पाया। अगर शुक्रवार के दिन उसका स्कूल में दाखिला होता तो अगले गुरूवार को ही उसे स्कूल से निकाल दिया जाता बेचारा शुक्रवार भी नहीं देख पाता।

उसके गाँव के चाचा जो कभी फ़ौज में नौकरी करते थे उन्होंने ही उसे हिंदुस्तान, पाकिस्तान की मुल्क तकसीम की कहानियाँ सुना-सुना कर पक्का कट्टर बना डाला था। यही कारण था कि उसका मन पढ़ाई में कम और मुल्क तकसीम की कहानियाँ सुनने-सुनाने में ज्यादा लगता था। दरअसल बात कुछ हद तक सच भी थी। मुल्क बँटवारे के समय उसके गाँव के बहुत सारे लोगों ने लाहौर, कराची, मुल्तान और अन्य शहरों से अपने परिजनों की लाशें ही ट्रेन में लेकर या छोड़ कर आये थे, पर आज उसने ही गलती की थी। शहर में पिछले कई दिनों से दंगे की बू आ रही थी, धीरे-धीरे एक न दिखने वाला धुआँ पूरे शहर को अपने आगोश में ले रहा था और आज उसी आग में हरिमिलन ने घी डाल दिया। कोई झगड़ा नहीं था, मुहल्ले के मौलवी से उसकी बस थोड़ी सी कहा सुनी हुई और उसने पास में पड़े एक डंडे से वृद्ध मौलवी के सिर फोड़ डाले, बस फिर क्या था उसके आट्टा-चक्की के साथ-साथ पूरा शहर जलने लगा।

इस वक़्त वह रात के अँधेरे में मुसलसल भाग रहा था। कहाँ किस तरफ जाना है उसे नहीं मालूम, समय का भी उसे ज्ञान नहीं था वह बस भाग रहा था तो भाग रहा था। खेतों, झाड़ियों के रास्ते से जल्दी से जल्दी वह शहर से दूर निकल जाना चाहता था।

दिसम्बर के महीने में भी उसके शरीर से पसीने निकल रहे थे। सिर में लगी गहरी चोट से धीरे-धीरे खून निकल-निकल कर उसके सफ़ेद कमीज़ और पैंट

को रंगीन बना रहे थे। बाकी शरीर पर भी उसे काफ़ी चोटे आई थीं, जहाँ से खून निकल रहा था। कई घंटों से मुसलसल भागने के कारण अब उसकी हिम्मत जवाब दे रही थी अब वह भागने में असहजता महसूस कर रहा था, कुल मिलाकर अब वह ज्यादा देर तक नहीं भाग सकता था, खून भी तो काफ़ी निकल चुका था उसके शरीर से।

कुछ देर के बाद आखिर वह एक छोटी-सी पगडंडी पर बैठ गया। चार-पाँच मिनट तक वह वहीं बैठा अपनी उखड़ी हुई साँसों को दुरुस्त करता रहा, लेकिन दर्द के साथ-साथ उसे ठंड भी लगने लगी। अब ज़्यादा देर तक रुकना उसे मुश्किल में डाल सकता था। वह पगडंडी पर चढ़ कर खड़ा हो गया। उसने चारों तरफ नज़रें घुमाई, सिर्फ एक जगह उसे काफ़ी दूर एक छोटी-सी रोशनी दिखाई दी, बाकी सायं-सायं करते खेत और जंगल के सिवा कुछ नहीं था।

बड़ी मुश्किल से लगभग घंटे भर चलने के बाद वह उस तन्हा घर के पास पहुँचा जो एक कच्ची सड़क के किनारे बना था। आस-पास शायद गाँव जरूर होंगे लेकिन उसे कहीं और कोई रोशनी दिखाई नहीं दे रही थी। अब बार बार उसके आँखों के सामने अँधेरा हो रहा था। अगर जल्दी उसे कोई सहायता नहीं मिली तो वह अपना होश खो देगा और हुआ भी वही, जैसे ही उसने दरवाजे पर दस्तक दी उसका पैर जोर से काँपा और वहीं वह जमीन पर गिरकर बेहोश हो गया।

पता नहीं कितने दिन या कितने घंटे के बाद उसने ज़ब ऑखें खोली तो अपने को एक साफ-सुथरे बिस्तर पर पाया। सिर के साथ-साथ उसके शरीर पर कई जगह पट्टी बँधी हुई थी। उसके बिस्तर के पास ही टेबल पर एक वृद्ध महिला बैठी हुई मुस्करा रही थी। "तुम्हें होश आ गया बेटे.?"

"हाँ... लेकिन मैं कहाँ हूँ.?," बड़ी मुश्किल से वह इतना ही कह पाया।

"कल जहाँ तुम बेहोश हुए थे वहीं हो।" वृद्ध महिला पुनः मुस्कराई, "अब घबराने कई जरूरत नहीं है, तुम बिल्कुल ठीक हो, एक-दो दिन और आराम करो तुम ठीक हो जाओगे।"

वह बोला कुछ नहीं, बस एक टक उस महिला की तरफ देखता रहा जो उसे भगवान से कम नहीं लग रही थी। महिला पुनः बोली, "ठीक है बेटे! तुम आराम करो। मैं मगरिब का नमाज़ पढ़कर चाय लेकर आती हूँ।"

"आ.. आ.. प... प.. मुसलमान है.?" वह चौका।

"हाँ बेटे! मैं मुसलमान हूँ, और मैं ये भी जानती हूँ कि तुम एक हिन्दू हो।" महिला निरंतर मुस्करा रही थी।

"सब जानते हुए भी आपने मेरी जान बचाई?"

"बेटे! क्या यही काफ़ी नहीं है कि हम सब हिन्दुस्तानी है, यह नाम कोई छोटा

तो नहीं है न, अरे! अल्लाह का लाख-लाख शुक्र है कि उसने हमें हिन्दुस्तान में पैदा किया, जब हमारे मुल्क का नाम ही इतना बड़ा है तो फिर तो हम इसमें हिन्दू, मुसलमान क्यों जोड़े? यही काफ़ी है हमें ख़ुश रहने के लिए, तुम बिल्कुल मत घबराओ, तुम एक मुसलमान के घर में नहीं हो, तुम एक हिंदुस्तानी के घर में हो।" महिला टेबल से उठते हुए बोली, "अच्छा नमाज़ का वक़्त हो रहा है नमाज़ के बाद मैं चाय लेकर आती हूँ।"

जैसे ही वह कमरे से बाहर निकली वैसे ही हरिमिलन के आँखों से गंगा जमुना बहनें लगी।

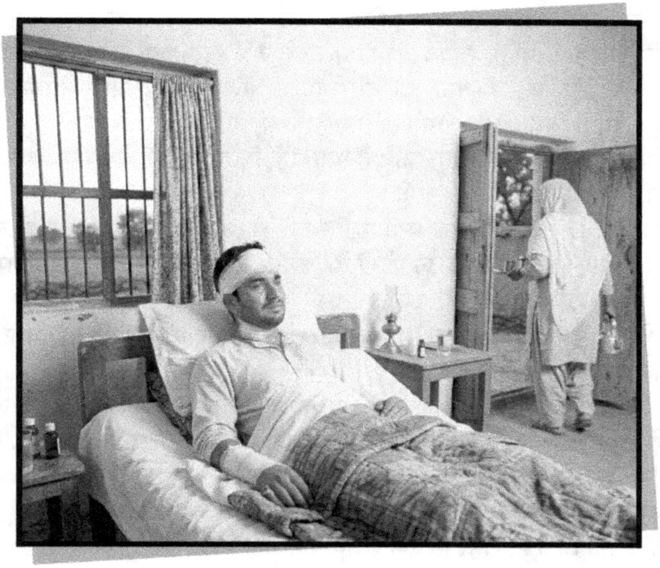

शराबी

बिनोद कुमार सिंह
(पता :- गोपालगंज, बिहार)

रसद सामग्री लाने गई पत्नी लगभग दौड़ती हुई घर में दाखिल हुई और झट से अंदर से दरवाजा बंद कर दिया। पति बरामदे में अख़बार पढ़ रहे थे, उनके बगल में एक खाली कुर्सी पर बैठ गई और अपनी उखड़ी हुई साँसों को दुरुस्त करने लगी।

"क्या हुआ.?" पति ने अख़बार एक तरफ रखकर चश्मे को दुरुस्त किया।

"आज फिर शहर में दंगा हो गया, पता नहीं इस शहर को किसकी नज़र लग गई है।" पत्नी ने आँचल से पसीना पोंछते हुए कहा, "मुन्ना भी तो अभी तक घर नहीं आया पता नहीं किस हाल में होगा, थोड़ा फोन करिये न।"

"उसका फोन खराब हो गया था न, वही तो बनवाने रहीम के साथ गया था, फोन बंद बता रहा है, शायद अभी तक ठीक नहीं हुआ होगा।" पति ने कहा।

"रहीम.... रहीम... कितनी बार उससे कहा है कि रहीम के साथ न रहा करो, क्या अपनी बिरादरी के लोग नहीं है मोहल्ले में, देखिएगा रहीम से दोस्ती महँगी न पड़ जाए, पर मेरी सुनता कौन है पता नहीं किस हाल में होगा मेरा लाल..," यह धीरे- धीरे वह सुबकने लगी।

"तुम हमेशा रहीम के पीछे क्यों पड़ी रहती हो, अरे हर सुख-दुःख में वे लोग हमेशा खड़े रहते हैं, कभी उन लोगों ने एहसास नहीं होने दिया कि वे मुसलमान हैं, हमेशा उन लोगों ने एक अच्छे पड़ोसी का फर्ज़ निभाया है। अरे! क्या रखा है हिन्दू - मुसलमान में बस इंसान अच्छा होना चाहिए।" पति की बात पत्नी को बिलकुल अच्छी नहीं लगी।

कुछ देर तक पति पत्नी दोनों चुपचाप एक दूसरे का मुँह देखते रहे, तभी फोन की घंटी बजने लगी। पति ने फोन उठाया, उधर फोन पर मुन्ना था, बस मिनट भर बात करने के बाद पति ने फोन रख दिया।

"कौन था मुन्ना था न, ठीक तो है न?"पत्नी चहकी।

"हाँ! दोनों ठीक है, शहर के एक शराबखाने में छुपे हुए हैं।"

"शराबखाना, इसका मतलब दोनों शराब पीने गए थे?" पत्नी फिर घबरा गई। "मैं कहती थी न कि रहीम की दोस्ती एक न एक दिन उसे बर्बाद करके छोड़ेगी, क्या जरूरत थी उन लोगों को शराबखाने में छुपने की, अगर दंगाइयों ने शराबखाने पर हमला कर दिया तो?"

"चुप करो! भगवान के लिए चुप करो..," पति को भी गुस्सा आ गया,

"दुनिया में जितने भी दंगे हुए है कभी सुना है दंगाइयों ने किसी शराबखाने में आग लगाई हो या नुकसान पहुँचाया हो, अरे! दंगाई तो शराबखाने की तरफ देखते भी नहीं, क्योंकि शराबखाने में जाने के बाद कोई किसी धर्म का नहीं रह जाता सभी शराबी बन जाते है और शराब से किसी की दुश्मनी नहीं है दुनिया में।"

फिर बरामदे में ख़ामोशी छा गई, पत्नी धीरे-धीरे आँचल से आँसू पोंछने लगी।

ज़िंदगी क्या सपना थोड़ी है

समीउल्लाह खान
(पता :- खम्मम्, तेलंगाना)

हम तो ज़िंदगी में कई ख़्वाब देखते हैं
मगर हर एक ख़्वाब तो साकार होता नहीं।
कौन-सा ख़्वाब कब देखते कब टूटता
सिवाये खुदा के जाने कौन!

हर एक इंसान ख़्वाबों की ख़्वाहिश में
अपने ज़िंदगी को संवारना चाहता है।
अपनी मन चाही ज़िंदगी जीने में तो
एड़ी-चोटी का जोर लगा कर कड़ी
मेहनत करता है और अपने आप में
उत्साह भरता है।

कुछ लोग तो दिवा सपने देखते हुए
अपने ज़िंदगी को बनाने में बर्बाद हो जाते।
कुछ तो प्यार व मोहब्बत के चक्कर में
अपने सपनों की दुनिया में ऐशो-आराम
करने घर से दूर जाकर
ज़िंदगी को संवारने के बजाय सत्यानाश कर लेते हैं।

कुछ तो अपने ख़्वाबों को
साकार रूप दे कर ज़िंदगी को परवान चढ़ाते है।
ऐसे ही लोग खुदा की कृपा दृष्टि से
अपनी ज़िंदगी में ऊँची उड़ान भरते हैं।

कुछ लोग अपने-अपने धर्म ग्रंथों के आधार पर
ख़्वाबों की ताबीर (खुलासा) भी बताते है,
क्योंकि ऐसे मिसाल कुछ
धर्म ग्रंथों में देखने को मिलती है।
ज़िंदगी में सपनों का महत्व है जरूर
मगर ज़िंदगी क्या सपना थोड़ी है।

प्रणय का राग

समीउल्लाह खान
(पता :- खम्मम्, तेलंगाना)

तेरे झुकी झुकी निगाहों का आशियाना
मेरे मनोहर शाम की चाँदनी
तेरे मीठी-मीठी बातों की मधुरिमा
तेरे गुलाबी लबों की मुस्कान
मेरी ज़िंदगी के प्रणय का राग है।

तेरे आलिंगन का बंधन
मेरे प्यार के महक़ का चमन
तू मेरे दिल के धड़कनों की स्वर हो।
तू ही मेरे ज़िंदगी के नाव की मझधार हो
तू ही मेरी जुस्तजू है।
तेरी मेरी हो रूबरू गुफ्तगू।

तू ही मेरे सपनों की रानी हो
तू ही मेरे प्रणय की रागिणी हो
तू ही मेरे सपनों की दुनिया हो
तू ही मेरे प्यार का सर चश्मा हो।

तेरा मुस्कुराना ही मेरे ज़िंदगी का बसंत है
तेरी दुआ ही मेरे प्रणय का राग है
तू ही मेरे हसरतों की सुखन हो
तू ही मेरे प्रणय का आशियाना।

प्रणय का मधुर राग

समीउल्लाह खान
(पता :- खम्मम्, तेलंगाना)

आशिकी के लिए दौड़ लगा,
कदमों की आहट भी मधुर है।
आशिकी के गले लग जा,
मनोहर भाव भी मधुर है।

हार जीत सहज है,
प्यार के मंदिर में।
मन को भाये प्यार से,
खिलवाड़ करना भी मधुर है।

ग़ज़ल तो प्रेमी प्रेमिकाओं
का तात्विक विवेचन है।
दिल के दरवाज़े खोलकर
प्रणय का राग छेड़ना भी मधुर है।

प्यार की नसों को छू ले समी,
तेरे अंतर्मन के साक्षात्कार से।
देह के चिंताओं को मिटा कर,
प्यार को निभाना भी मधुर है।

दिल की कैफ़ियत

समीउल्लाह खान
(पता :- खम्मम्, तेलंगाना)

दिल पे क्या-क्या गुजरी
कोई क्या जाने?
जाने तो हम जाने
या जाने यह मन,
या जाने तो वफ़ा जाने।

एक-दूसरे से न मिल सके हम
ख़ुद जाने या ख़ुदा बख़ूबी जाने,
अब तो मिलने को तड़प रहे हैं
या खिलवाड़ करने को तरस रहे हैं।

गले लगने को बड़े आतुर है
मस्ती में झूमने को मचल रहे हैं,
एक-दूसरे पर इश्क़ में फिदा हैं
प्यार में खेलते-कूदते झूम रहे हैं।

एक-दूसरे की गोद में लेटे मस्ती कर रहे हैं,
वो तो चाँदनी रात में अपने खुली जुल्फों से
ख़ुशबू बिखेर रही थी,
वो मनोहर शाम का लुत्फ़ तो
ज़िंदगी के किताब के पन्नों में अमर था।

समर्पण

दयाराम साहू
(पता :- डौकाबांधा, कबीरधाम, छत्तीसगढ़)

सत्य-सूरज कबीर का, जग में फैला प्रकाश।
झूठ-अँधेरा मिट गया, जागा निर्मल विश्वास।।

कबिरा वाणी अमृतमय, काटे भ्रम के जाल।
जिसने मन से ग्रहण की, उसका हुआ निहाल।।

गृन्धमुनि गुरुवर चरण, ज्ञान-दीप अविराम।
शब्द-साधना से सजे, उज्ज्वल उनका नाम।।

प्रकाश मुनि पथदीप हैं, तम हरते हर बार।
जिनकी वाणी से मिले, जीवन को आधार।।

उदित मुनि उदयाचल सम, फैला शुभ आलोक।
उनके सत्संग-स्नेह से, मिटे हृदय के शोक।।

तीनों गुरु के चरण में, श्रद्धा सुमन चढ़ाय।
सत्य-कबीर के मार्ग पर, जीवन सफल बनाय।।

गुरु कृपा से ही मिले, आत्मा को विश्राम।
सत्य-पथ पर चल पड़ा, जीवन का हर काम।।

जागो मनुष्य

दयाराम साहू
(पता :- डौकाबांधा,
कबीरधाम, छत्तीसगढ़)

जागो मनुष्य, सोचो अब क्यों मन इतना हारा है,
अन्न-भरे घर हैं फिर भी भीतर क्यों अँधियारा है।
पूर्वज वन में कष्ट सहा करते, भूखे रहकर जीते थे,
अभावों की ज्वाला में जलकर, दिन-रात श्रम सीते थे।
आज तुम्हारे हाथों में, सुख का विस्तृत संसार खुला,
फिर भी क्यों हिंसा, मदिरा, व्यसन ने मन को छला!
शक्ति श्रम में ढूँढो तुम, उसमें ही उजियारा है,
संयम में है असली बल, वही जीवन का सहारा है।
जिस माँ ने तन-मन पाला है, उसमें विष मत घोला करो,
क्षणिक लालसाओं के कारण जीवन व्यर्थ न खोया करो।
त्याग, दया, करुणा, शाकाहार जीवन का श्रृंगार बने,
प्रेम, सत्य और संतुलन से मानवता साकार बने।
जो निज मन पर विजय करे, वही सच्चा वीर महान है,
संयम-ज्योति से आलोकित होता उसका जीवन-मान है।

मोबाइल में कैद इंसान

दयाराम साहू
(पता :- डौकाबांधा,
कबीरधाम, छत्तीसगढ़)

हाथों में जग, मन दूर हुआ,
स्क्रीन जली, नूर चूर हुआ।
चेहरे हँसे, नयना सूने,
भीड़ मिली, सब लगे दूने।
अंगुलियों में रिश्ते बँधे,
बातें टूटी, शब्द अटके।
माँ की बोली दबती जाए,
घर की हँसी मौन हो जाए।
सुबह फोन, रात सहारा,
जीवन बना जाल तुम्हारा।
स्वाइपों में हर क्षण बहता,
कल का सपना आज ढहता।
चित्रों में सब जीते जाते,
सच से मुँह सब मोड़ते जाते।
लाइक्सों में खुद को खोते,
सच्चे बंधन दूर ही होते।
सोचो कब तक यूँ भरमाओगे,
झूठी चमक में दिन गँवाओगे।
उठो, जाल अब तोड़ो भाई,
जीवन बाहर राह दिखाई।
मोबाइल केवल साधन जानो,
इसको स्वामी कभी न मानो।
जो पल अपना, उसे सजाओ,
कैद छोड़ जग को अपनाओ।

तेरा मेरा मिलना

अच्युत उमर्जी
(पता :- पुणे, महाराष्ट्र)

तेरा मेरा पहली बार मिलना...
शाम में मिले थे दोनों...
हमारा मिलना दिल में संभाल कर रखा है...
मिलना हमारा यादें अभी जीवित है...
एहसास ताजा हैं अभी...

जागते हुए भास का अनुभव होता है...
बाँहों में तेरे स्पर्श का मीठापन...
रोमांचित हो उठी हूँ मैं...
हर क्षण सुगंधित हो गई मैं...

आभास में तेरा भास का एहसास...
चाहती हूँ मैं समा जाऊँ तेरी बाँहों में...
स्पर्श तेरा गवाही देता है उस क्षण की...
भास होता है तेरा हर क्षण...

मैं और मेरा मन अस्थिर हो जाती हूँ स्पर्श से तेरे...
हर क्षण आँखें जागती रहती है...
यादें हमेशा ही है हृदय में...
देह हर क्षण रोमांचित हो उठा...

प्रेम खत्म नहीं हुआ, ठहर गया है

अच्युत उमर्जी
(पता :- पुणे, महाराष्ट्र)

प्रेम खत्म नहीं हुआ, ठहर गया है...
हम थे वैसे ही हैं...बस साथ नहीं हैं...

भावनाएँ जैसी थे... वैसी ही हैं...
सिर्फ अब "हम" अब ऐसा कुछ रहा नहीं कहते हैं...

हमारी यादें बहुत सुंदर है...
वह अभी भी मन में संभाल कर रखी हैं...

देर रात तक की अपनी गपशप...
और दोनों का एक साथ होना...

हाँ! दूर हैं हम, रिश्ता टूटा नहीं...
एक दूसरे से प्रेम अभी है...बस व्यक्त नहीं होते...

प्रेम खत्म नहीं हुआ...ठहर गया है...
फिर मिलने की एक शांत आशा रखते हैं...!

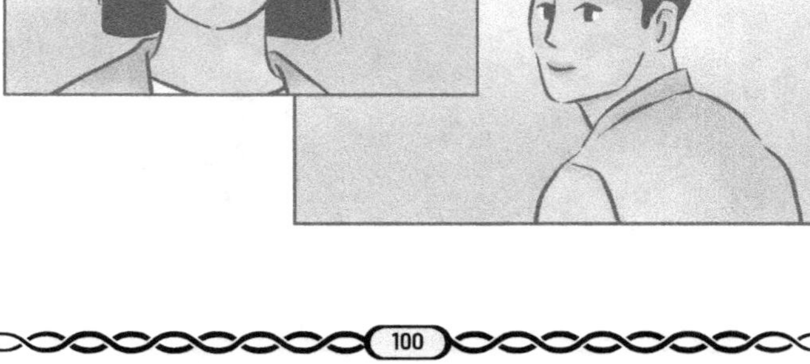

एक कविता तेरी याद में

अच्युत उमर्जी
(पता :- पुणे, महाराष्ट्र)

तेरी नशीली आँखें...
तेरे गुलाबी होंठ...
गोरा-गोरा रंग तेरा...
गेसूओं के तेरे नखरे हजार...
एक कविता तेरी याद में... ।।१।।

सुंदरता में तुम अव्वल...
गाल तेरे मुलायम मुलायम...
हल्की सी हँसी से...
क्यों करती हो घायल मुझे...
एक कविता तेरी याद में... ।।२।।

यूँ तिरछी नज़रों से...
न देख मुझे...
एक ही दिल है पास मेरे...
कितनी बार चुराओगी उसे...
एक कविता तेरी याद में... ।।३।।

कुछ अलग ही है बात तुझमें...
निराली है तेरी अदा...
तेरी हर चीज पर...
मैं हूँ पूर्ण फिदा...
एक कविता तेरी याद में... ।।४।।

प्रणय

पुष्प हैं सुरभित, कलिकाएँ ले रही अंगड़ाई।
झूल रहे हैं अलि डाल पर, यौवन ने छिटकी तन्हाई।।

आम्र व्रक्ष पर लदी मंजरियाँ, कोकिला की गूँजी शहनाई।
मादक गन्ध फैली चहुँ ओर, सुरभित हुई अमराई।।

कमल चंद्रा
(पता :- भोपाल,
मध्य प्रदेश)

प्रिया की देख आतुरता,मदन सरसता अंग-अंग।
रति से कर श्रृंगार, चली गजगामिनी के ढंग।।

व्याकुल सी अँखियों में, मौन निमंत्रण नेह का।
पाना चाहे संग पिया का, संरक्षण भरे स्नेह का।।

अधर की रक्तिम आभा ने, नयनों को रतनार किया।
पुष्प माल सी देहयष्टि, ने कामदेव बेहाल किया।।

उन्नत वक्षों पर मुक्तामाल, उठती-गिरती देती प्रमाण।
नहीं संतुलित श्वसन तंत्र है, प्रेमतुरता का प्रत्यक्ष प्रमाण।।

खग-मृग हैं संगी साथी, प्रकृति दे रही सौगातें।
पिया मिलन की आस में, आमंत्रण देते नयन मदमाते।।

क्षीण कटि पर स्वर्ण मेखला, देती सुनहरी आभा।
आँचल गिरा धरा पर , सुध- बुध खोए खड़ी सुवसा।।

झीनी चुनरी ओढ़कर, सोलह किया श्रृंगार।
अभिसारिका बनीं बसुंधरा, अम्बर से करे प्रणय पुकार।।

अम्बर ने चूमा मस्तक वसुधा का, और पहनाया बाहों का हार।
पुष्पसेज पर हुआ मिलन, और क्षितिज ताल पर हुआ विहार।।

ओ! अलमारी में रखे पुराने ख़त...

कमल चंद्रा
(पता :- भोपाल, मध्य प्रदेश)

बरसों बाद आज भी इन खतों में,
एक अहसास तेरा मिलता है।
भीनी - भीनी खुशबू तेरी, जिसे
मैं दीवानगी की हद तक चाहती थी
ओ! अलमारी में रखे पुराने ख़त...
आज भी सब कुछ याद है,
बेसब्री से डाकिये का इंतज़ार करना।
ख़त पाते ही एक साँस में पढ़ जाना,
फिर तेरी याद में कहो जाना।।
ओ! अलमारी में रखे पुराने ख़त...
तुम नहीं जानते, तुम क्या हो मेरे लिए?
तुम अहसास हो पहले प्यार का।
तुम पुख्ता सबूत हो मेरी मोहब्बत का,
मेरी धड़कनों, मेरे नैनों से बहते विरह का।।
ओ! अलमारी में रखे पुराने ख़त...
तुम गवाही देते हो धरती पर प्यार की,
तुम गवाह हो आँसू भरे स्याही की।
तुम गवाह हो मेरी अकेली रातों की,
तुम गवाह हो मेरी सुलगती गात की।।
ओ! अलमारी में रखे पुराने ख़त...
बरसों पहले लिखे थे जो प्रियतम ने,
तुम उनकी वह निशानी हो।
कागज़ की दरकती लकीरों ने,
कुछ शब्द काट दिए हों बेशक।।
ओ! अलमारी में रखे पुराने ख़त...
तुम समय के दस्तावेज हो प्रिय,
आज भी दिल के करीब हो प्रिय।
तुम पिया का गौण अहसास हो प्रिय,
मेरी यादों के ताजमहल हो प्रिय।।
ओ! अलमारी में रखे पुराने ख़त...

अनंत प्रेम

कमल चंद्रा
(पता :- भोपाल, मध्य प्रदेश)

अनंत प्रेम की गाथा लिखने।
आज सखी मैं बैठी हूँ।।
प्रेम रूप के पाश में फंसकर।
पूर्ण भ्रमित सी बैठी हूँ।।

क्या वह प्रेम अनंत रहा था ?
जब माँ ने सीने से लिपटाया था।।
और पिता ने कांधे पर धर।
जग से परिचय करवाया था।।

भाई- बहन सब सखी- सहेली।
प्रेमरूप की तस्वीरें हैं।।
जन्म-मरण तक साथ चलें।
बनती इनसे तकदीरे हैं।।

बचपन से यौवन तक आई।
हाथ थाम जब चली पिया का।।
पूर्ण समर्पण और संरक्षण।
में भी ढूँढा अनंत प्रेम ही।।

फिर शायद वो पल ही होगा।
माँ बन जब बेटी को दुलराया था।।
बच्चों की मुस्कान में जीना।
और स्वंय को बिसराया था।।

जीवन चला अबाध गति से।
रिश्तों के इस भृमर जाल में।।
नए - पुराने रंग बदलते रिश्ते।
अनंत कहाँ और कैसा होगा?

जीवन की संध्या बेला तक।
प्रश्न अनुत्तरित रहा सदा ही।।
क्या फ़र्ज़ निभाना ही काफी था?
या अस्तित्व कर्ज़ भी होता है?

ग्राम

डॉ० आशा शरण
(पता :- खंडवा, मध्य प्रदेश)

हरे-भरे खेतों में लहराती फसलें,
दिल को छूती सौंधी मिट्टी की महक़ है।
नदी की कल-कल में बचपन की वो यादें,
पक्षियों की चहचहाहट में माँ की लोरियाँ हैं।

सूरज उगता है धीरे-धीरे पहाड़ों से,
सुनहरी किरणें आँसू की तरह चमकतीं हैं।
पेड़ों पर लदे फल-फूल मुझे बुलाते हैं,
फूलों की सुगंध में खोया बचपन मिलता है।

सूर्यास्त की लालिमा, दिल को रुलाती ,
छतों पर छाया शाम की, अकेलापन जगाती है।
चाँदनी रात में तारे रोते से हुए लगते,
प्रकृति की गोद में गाँव सपने संजोता है।

पहाड़ों की ऊँचाई में खोई सी उम्मीदें,
नदियों की गहराई में डूबे राज़ पुराने हैं।
जंगलों की हरियाली, दिल का सहारा,
गाँव की सुंदरता में जीवन की सच्चाई है।

शहर की चकाचौंध से दूर यह जगह,
जहाँ आत्मा को मिलता सच्चा ठिकाना है।
यह प्राकृतिक छटा, स्वर्ग नहीं तो क्या,
दिल को हमेशा के लिए जो बाँध लेती है।

कारवाँ

डॉ० आशा शरण
(पता :- खंडवा,
मध्य प्रदेश)

सुबह की किरण संग कदम बढ़ाता है ये कारवाँ,
दिल में उम्मीद का दीया जलाता है ये कारवाँ।
रातें लंबी हों या डगर मुश्किलों से भरा हो,
फिर भी आगे बढ़ता, न कभी रुकता ये कारवाँ।

तूफ़ान कितने भी आएँ, अंधेरे कितने भी छाएँ,
सितारों की रोशनी में राह दिखाता यह कारवाँ।
हर बार गिरकर भी उठकर खड़ा होता यह कारवाँ,
नई ताकत पाकर मुस्कुराता है ये सदाबहार कारवाँ।

राही थके, तो भी हौसला नहीं छोड़ता ये कारवाँ,
नए सपनों को संग लिए हर पल चलता ये कारवाँ।
दूर मंज़िल हो तो क्या हुआ, विश्वास तो पास है,
जीत की ओर बढ़ता रहा, आशा जगाता ये कारवाँ।

वो मुस्कुराती

डॉ० आशा शरण
(पता :- खंडवा,
मध्य प्रदेश)

वो मुस्कुराती है हर पल, हर घड़ी,
आँखों में छिपा है अनकहा तूफ़ान,
दिल के ज़ख़्मों को सीती है चुपचाप,
किसी से नहीं कहती वो अफ़साना।

रातें काटती है वो अकेले रोते हुए,
सुबह फिर सबको हँसाती है ख़ुशी से,
ग़मों के बोझ को वो कंधों पर उठाए,
कमज़ोरी कभी नहीं दिखाती वह किसी को।

वो माँ है, बहन है, पत्नी है घर की,
सबके लिए जीती है, खुद को भूलकर,
आँसू पी जाती है अंदर ही अंदर न जाने कितने,
बाहर चेहरा हमेशा शांत मुस्कान बिखेरता है।

हर तीर सहती है दिल पर वह चुपके से,
मुँह से निकलता बस प्यार और आशीष है,
वो योद्धा है मौन की लड़ाई हर पल लड़ती,
दुनिया को नहीं पता उसकी यह कहानी।

टूटती है हर दिन कहीं न कहीं अंदर से धीरे,
फिर भी खुद को जोड़ती है सुबह होते ही,
ग़म छुपाकर सबको देती है एक मजबूत सहारा,
पर वो खुद का दर्द कभी नहीं बाँटती किसी से।

वो स्त्री ही है जो मरती नहीं किसी दर्द से,
जीती है हर ग़म के बावजूद भी जी भरकर,
मुस्कान ही उसका हथियार है सबसे बड़ा,
जो दुनिया को इससे धोखा देती रहती है।

धन्य है वो जो सहती है हर पल सब कुछ,
बिना गिला- शिकवे के, बिना किसी मलाल के,
उसकी ताकत में अभी भी छिपी है दुनिया की शक्ति,
वो अनाम एक नायिका है हर घर-संसार की।

मैं अपने गाँव में खुश हूँ

देव प्रसाद पात्रे
(पता :- मुंगेली, छत्तीसगढ़)

नहीं चाहिए शहर की चकाचौंध की दुनिया,
मैं अपने गाँव की मिट्टी की गलियों में खुश हूँ।

वो ऊँची-ऊँची इमारतें मुझे रास नहीं आतीं,
जहाँ रिश्ते भी अक्सर बनावटी नज़र आते हैं।
यहाँ कच्चे आँगन में सच्ची मुस्कान खिलती है,
हर सुबह अपनापन लिए सूरज संग ढलती है।

ना भागदौड़ है, ना झूठी शान का बोझ,
यहाँ सुकून है, दिल में नहीं कोई खोज।
पेड़ों की छाँव में मिलती ठंडी राहत,
नदी की धारा में छुपी है मेरी चाहत।

शहर की रौशनी भले आँखों को भा जाए,
पर गाँव की सादगी दिल को सुकून दिलाए।
यहाँ माँ के आंचल तले जीने के सपने हैं।
आशीष देते पूर्वजों की निशानियां अपने हैं।

मेहनत की खुशबू हर सांस में बस जाती है,
मिट्टी की सोंधी महक दिल को छू जाती है।
सादगी में ही मेरी सारी दुनिया समाई है,
खेतों में लहराती फसलों को देख मैं खुश हूँ।
यकीनन! मैं अपने गाँव में खुश हूँ।

मात-पिता की यादें

देव प्रसाद पात्रे
(पता :- मुंगेली, छत्तीसगढ़)

कभी हँसाती हैं, कभी रुलाती हैं,
पास बुलाती हैं, कभी तरसाती हैं।
जिनके सहारे गुजरते जीवन,
उनकी यादें हरपल हमें तड़पाती हैं।

मात-पिता ही मेरे सच्चे भगवान हैं,
उनसे ही रोशन मेरे हर अरमान हैं।
उनकी दी हुई हर सीख, हर निशानी,
आज भी मेरी सबसे बड़ी कहानी है।

नित दिन उनकी बातें प्रेरणा बन जाती हैं,
टूटी राहों में हिम्मत फिर से जगाती हैं।
जब-जब मन थककर बैठने लगता है,
उनकी यादें मुझे फिर से उठाती हैं।

मात-पिता की यादें हर ग़म को हर लेती हैं,
सूनी राहों में भी रोशनी भर देती हैं।
वो माँ का आँचल, वो पिता का साया,
हर मुश्किल में मेरा हौसला बन जाता है।

प्रेम के पन्ने

देव प्रसाद पात्रे
(पता :- मुंगेली,
छत्तीसगढ़)

हमने कभी की थी मोहब्बत आज वो हमारे साथ है।
जीवन के हर मोड़ पर उनके हाथों में हमारे हाथ है।

कठिन दौर में जीवन जब इम्तिहान लगता है।
उनके साथ होने से हर लम्हा आसान लगता है।

उनकी हँसी से घर का आँगन खिल जाता है।
सूना सा हर एक पल फिर दिन बन जाता है।

जब थक कर बैठ जाए ये मन कहीं राहों में।
मेरी जान उम्मीद बन आती है मेरी बाहों में।

उनके होने से हर डर छोटा लगने लगता है।
टूटा हुआ सपना भी फिर से सजने लगता है।

रिश्तों की मिठास से हर दिन त्योहार लगे है।
उनके बिना अधूरे थे, अब सारे संसार लगे है।

हर दर्द भी हँसकर दूर कहीं हो जाती है,
और सफल हो जाती है ज़िंदगी,
अगर प्रेम के पन्ने खुशियों से भरे हो।

भरा प्रेम से

डॉ० रंजना गुप्ता
(पता :- पलवल, हरियाणा)

सारे उदधि को समा लेने की,
शक्ति है इस घट में।
दोस्ती और प्यार पर जान देने की,
कला है इस दिल में।
विश्वास नहीं होता
कैसे मित्र अपने ही
जड़ काटने में
संकोच नहीं करते!
फिर भी,
उन्हें पल्लवित-पुष्पित
ही देखना चाहेंगे हम।
संकल्प नहीं हो सकता
'सर्वे भवन्तु सखिनः' से कम।
प्यार की कमी हृदय में उनके,
यह कमी है उनकी ,
हृदय हमारा तो लबालब
है भरा प्रेम से!

प्यार जिन्दा है

डॉ० रंजना गुप्ता
(पता :- पलवल, हरियाणा)

न जाने कितनों ने दिल तोड़ा,
न जाने कितनों ने भरोसा तोड़ा,
फिर भी दुनिया में
भरोसा जिन्दा है, प्यार जिन्दा है,
और रहेगा हमेशा,
उनसे ..
जिन्हें वरदान है ईश्वर का,
'परहित निरत' रहने का,
छल-कपट-करकट दूर करने का।

मधुऋतु छा जाए

डॉ० रंजना गुप्ता
(पता :- पलवल, हरियाणा)

ऐ मेरे मनमीत,
लिख दो प्रेम के गीत,
सपनों की स्नेहिल स्याही से,
तो जीवन में मधुऋतु छा जाए!

गीत में जीवन-संगीत हो,
संगीत में विश्वास-सुर,
सम्मान-लय-ताल हो, तो
मलयज संग बरखा आ जाए!

हरित नव अंकुर उगें,
दूर्वा-दल भी लहराए।
अवनि पर ज्योत्स्ना छिटके,
शुभ्र शरद अमृत बरसाए।

उजालों का अन्वेषी

कुमार सतीश
(पता :- हिसार, हरियाणा)

हरियाणा के एक जिले का खेतों से घिरा एक छोटा-सा शांत कस्बा, जहाँ सुबह की शुरुआत अक्सर पगडंडियों पर चलती छोटी-छोटी यात्राओं से होती थी। इन्हीं पगडंडियों पर एक बालक अजोय भी रोज स्कूल के लिए निकलता था, अपने मन में जीवन में कुछ बनने का सपना लिए हुए।

अजोय के लिए इन पगडंडियों का सफ़र जितना कठिन था, उससे कहीं अधिक कठिन और दूर थी उसके सपनों की मंज़िल। देखने में उसकी यात्रा साधारण थी, पर उसके भीतर संघर्ष की एक लंबी और गहरी कहानी छिपी हुई थी।

अजोय की आँखों की रोशनी सामान्य बच्चों जैसी नहीं थी। चिकित्सकीय भाषा में उसकी दृष्टि 1/60 थी, जो उसके लिए लगभग पूर्ण दृष्टिबाधिता का संकेत थी। पर समाज की दृष्टि इतनी संवेदनशील नहीं होती कि वह इन सूक्ष्म कठिनाइयों को समझ सके। गाँव-देहात में समावेशी शिक्षा की समझ भी सीमित थी।

कभी-कभी जब अजोय किसी वस्तु का हल्का-सा आभास कर लेता, तो लोग उसकी कठिनाई समझने के बजाय उस पर संदेह करने लगते। मानो उसकी समस्या कोई वास्तविकता नहीं, बल्कि बहाना हो।

अजोय का विद्यालय उसके घर से लगभग साढ़े तीन किलोमीटर दूर था। परिवार बड़ा था और आर्थिक संसाधन सीमित। कई बार ऐसा होता कि वह खाली पेट ही घर से निकल पड़ता, तो कभी एक प्याली चाय ही पूरे दिन की ऊर्जा बन जाती।

हर रोज़ उगते सूरज के साथ उसकी यात्रा शुरू हो जाती, खेतों के बीच से गुजरती टेढ़ी-मेढ़ी, कीचड़ और धूल से भरी संकरी पगडंडियाँ। धान के मौसम में दोनों ओर पानी भरा होता और ऊपर से तेज़ धूप आँखों को चुभती रहती। रास्ता कई बार भयावह लगता, पर अजोय हर दिन इन फिसलन भरे रास्तों पर डग भरता आगे बढ़ता जाता।

क्योंकि उसके दादा और पिता को विश्वास था कि शिक्षा ही वह दीपक है जो जीवन की दिशा बदल सकता है।

विद्यालय में अनुशासन कड़ा था, नियम सख़्त थे, लेकिन हर कठिनाई को समझने वाली संवेदनशीलता हमेशा मौजूद नहीं होती। कक्षा में शिक्षक

ब्लैकबोर्ड पर लिखते और विद्यार्थी तेजी से कॉपियों में उतार लेते। पर अजोय के लिए ब्लैकबोर्ड हमेशा एक धुंधली काली दीवार जैसा था।

एक दिन उसने साहस करके अपनी अध्यापिका से कहा, "मैडम, मुझे बोर्ड पर लिखा हुआ साफ दिखाई नहीं देता। क्या आप गृहकार्य के प्रश्न मेरी कॉपी में लिख दिया करेंगी?"

इतना सुनना था कि मैडम झुंझला उठीं। उन्होंने गुस्से में दो थप्पड़ उसके चेहरे पर जड़ दिए, कॉपी उसके हाथ से छीन ली और यह कहते हुए फर्श पर फेंक दी, "तुम्हें तो हर रोज़ नए-नए बहाने आते हैं!"

उस दिन केवल एक कॉपी ही नहीं गिरी थी, अजोय के सपने और उम्मीदें भी मानो जमीन पर बिखर गए थे।

पर जीवन की यही विशेषता है कि जब एक रास्ता बंद होता है, तो कहीं न कहीं दूसरा रास्ता खुल जाता है।

उसी विद्यालय में एक और अध्यापिका थीं, अनिका मैडम।

एक दिन सर्दियों की धूप में विद्यालय की छत पर पंजाबी भाषा की परीक्षा हो रही थी। सभी बच्चे लिखने में मग्न थे, लेकिन तेज़ धूप अजोय की आँखों को चुभ रही थी। वह कुछ लिख नहीं पा रहा था।

जब अनिका मैडम की नजर उस पर पड़ी और उन्होंने कारण पूछा, तो अजोय ने डरते-डरते अपनी समस्या बताई।

उन्होंने बिना कुछ कहे अपना दुपट्टा इस तरह फैला दिया कि उसकी छाया अजोय के ऊपर पड़ने लगी। वे तब तक वहीं खड़ी रहीं जब तक अजोय ने अपना पेपर पूरा नहीं कर लिया।

उस दिन अजोय ने जाना कि शिक्षा केवल नियमों से नहीं, संवेदनशीलता से चलती है।

विद्यालय-जीवन में उसे उपहास भी मिला और प्रेरणा भी। कुछ बच्चे उसकी दृष्टि का मज़ाक उड़ाते, तो कई शिक्षक उसे उदाहरण के रूप में प्रस्तुत करते।

वे कहते, "देखो अजोय को। उसे ठीक से दिखाई नहीं देता, फिर भी वह इतनी दूर से आकर इतनी मेहनत करता है।"

ये शब्द उसके भीतर आत्मविश्वास का दीप जलाते रहे।

इस विश्वास की जड़ें उसके घर में थीं, विशेषकर उसके दादाजी के मन में। दादाजी स्वयं निरक्षर थे, पर अजोय के मन की भाषा समझते थे। वे अक्सर कहते, "इस परिवार में अगर कोई कुछ कर सकता है, तो वह मेरा पोता अजोय है।"

जब अजोय पुस्तक खोलकर ऊँची आवाज़ में पढ़ता, तो दादाजी चुपचाप

बैठकर सुनते रहते। किताब बंद होने पर वे उससे प्रश्न भी पूछते। उनके चेहरे पर दिखने वाला सन्तोष अजोय के लिए किसी पुरस्कार से कम नहीं होता था।

समय बीतता गया। संघर्षों की धूप और उम्मीदों की छाया के बीच अजोय की यात्रा आगे बढ़ती रही। शिक्षा धीरे-धीरे उसका सहारा, उसका साहस और उसकी पहचान बनती चली गई।

वही बालक, जो कभी कीचड़ भरी पगडंडियों पर ठोकर खाते हुए स्कूल जाता था, एक दिन शिक्षा के माध्यम से समाज में सम्मानजनक स्थान तक पहुँच गया।

पर उसकी सफलता केवल व्यक्तिगत उपलब्धि नहीं थी। उसने अपने संघर्षों को केवल स्मृतियों में कैद नहीं होने दिया, वे उसके लिए समाज को समझने का माध्यम बन गए।

आज अजोय उन दिव्यांगजनों और वंचित वर्गों के अधिकारों के लिए सजग और सक्रिय है, जिनकी कठिनाइयों को समाज अक्सर देख नहीं पाता।

वह मानता है कि समाज की वास्तविक प्रगति तब ही संभव है जब सबसे पीछे खड़े व्यक्ति को भी बराबरी का अवसर मिले।

वह अक्सर कहा करता है—

"अंधेरा आँखों में नहीं, संवेदनहीनता में होता है। और उजाला केवल रोशनी से नहीं, समझ और करुणा से आता है।"

अजोय की कहानी बताती है कि संघर्ष चाहे जितना गहरा हो, शिक्षा उसे प्रकाश में बदल सकती है।

और शायद यही कारण है कि अजोय आज भी जीवन की उसी पगडंडी पर चल रहा है, लेकिन अब वह अकेला नहीं है।

अब उसके साथ वे सभी लोग हैं जो एक अधिक संवेदनशील, समावेशी और न्यायपूर्ण समाज का सपना देखते हैं।

इस तरह अजोय की यात्रा केवल सफलता की कहानी नहीं रह जाती,
वह बन जाती है उजालों की निरंतर खोज की कहानी।

माँ

स्मृति अनुरागिनी
(पता :- जहानाबाद, बिहार)

एक छोटा सा शब्द है
माँ,
जिसके आँचल में
रहता है सारा संसार..,
अटूट प्यार...।

उसकी ममता भरी छाँव,
समस्त दुःखों से
मुक्ति का मार्ग है।

खुद टूट जाती है माँ
मगर टूटने नहीं देती है
अपनी संतानों को।

एक वही है,
जो आंसुओं को
अपनी पलको पर सहेज लेने की
क्षमता रखती है...।

हाँ! माँ,
तुम श्रद्धा हो,
विश्वास हो
और हो समस्त
सृष्टि का आधार.....।

इक सुबह सुनहरी की आस

स्मृति अनुरागिनी
(पता :- जहानाबाद, बिहार)

इक शाम अकेली जा डूबी है,
इक सुबह सुनहरी ले आना....
तुम ले आना।

कोई दिल छुपाकर रखा है,
इक दर्द चुराकर ले आना...
तुम ले आना।

इक शाम अकेली जा डूबी है।
मेरे भावों के सागर में,
जाने कितने अफसाने हैं...।
कब प्रीत किसी के दिल में है।
तुम प्रीत अनोखी ले आना।
तुम ले आना।
इक शाम अकेली जा डूबी है।

दुनिया की दिखावी बातों में,
क्यूँ बहलाना दिल को है?
कुछ गीत सुहाने सुन लें अब,
नए साज सजाकर ले आना..।
तुम ले आना।

जीवन संघर्षों की गाथा है,
पल-पल जलता दीपक सा
कहने को तो सब अपने हैं,
अपनत्व भाव का मीत कहाँ।
कान्हा फिर से आ जाओ
इस जग को अपनत्व सिखला जाना
तुम सिखला देना।
इक शाम अकेली जा डूबी है...।

प्रेम का पन्ना

स्मृति अनुरागिनी
(पता :- जहानाबाद, बिहार)

प्रेम! तुम क्या हो,
विस्तार जीवन का,
या निराशा के कगार पर खड़ी
किसी प्रेयसी की
एक आशा की किरण।

तुम इक समय हो,
या हो जीवन्त रूप
मन के माला की,
जिनके जुड़ने से
तुम श्रद्धा से भर उठते हो,
और करने लगते हो
अठखेलियाँ!

तुम्हारी आँखों में चमकती
हुई खुशी देखकर,
जीवन्त होने
लगता है बचपन,
और उठने लगती हैं लहरें।

ओ प्रेम!
तुम्हारे पन्ने
कभी खाली नहीं होते।
सदैव भरे हुए रहते हो तुम।
कभी इक समय में बिताए गए
पल,
जो हमेशा यादों में
रहते हैं सजीव।

भक्ति का सागर

सुषमा सिंह "उर्मि"
(पता :- कानपुर, उत्तर प्रदेश)

दिल के अपने भावों का,
पुष्पों का हार बनाकर।
प्रभु के गले में पहनाया,
अपने उर का अनंत प्यार।

अपने झीने से आँचल में,
भरा हुआ करूणा का भार।
कैसे इतनी मैं पीड़ा सहूँ,
करो प्रभु! मुझ पर उपकार।।

पल-पल कृपा मुझ पर करना,
इसी लिए बैठी हूँ आ तेरे द्वार।
मुझ विरहन को और न सूझे,
प्रभु करना मेरा तुम उद्धार।।

सफल हुई साधना मेरी,
मन खुशियों से हर्षाया।
घट-घट में मन भटका मेरा,
सुख तेरे ही चरणों में पाया।।

जो कुछ था पास मेरे वो,
भावों से तुमको मैंने चढ़ाया।
मुझ भक्तन के पास नहीं कुछ,
बस! फूलों का हार पहनाया।।
गागर से सागर में ह्रदय को चैन आया।।

प्रेम भक्ति में बहती जाऊँ,
मीरा सी जोगनिया बन मैं।
जल प्रवाह सी बहती जाऊँ,
नदिया की धारा बनकर मैं।।

रानी पद्मावती

सुषमा सिंह "उर्मि"
(पता :- कानपुर, उत्तर प्रदेश)

सिंहल द्वीप के राजा,
गंधर्व सेन की पुत्री थी।
पद्मावती हीरामन,
तोता साथ रखती थी।।

राजा रतन सिंह से विवाह हुआ,
पद्मावती चित्तौड़ की रानी बनी।
खिलजी थे दिल्ली के सुल्तान,
रानी पर मोहित हुए तो युद्ध की ठनी।।

भारत की थी छत्राणी वह,
जीती थी आन-बान के लिए।
खिलजी मुझको छू न सके,
जौहर किया सम्मान के लिए।।

सौलह हजार राजपूत महिलाएँ,
अग्निकुंड में आत्मदाह मिल किया।
अपनी मर्यादा बचाने के खातिर,
पद्मावती ने ऐसा जब किया।।

भारत माँ की आन के लिए,
हम चिता में जल जाएँगे।
आँच न आने देंगे इज्जत पर,
हम अपना सतीत्व दिखाएँगे।।

नज़र मिला के कहो

अरुण कुमार
(पता :- बऊआ, पटना, बिहार)

नज़र मिला के कहो,
आँखें बता रही हैं।

दिन रात ख्वाबों में,
तुम खोई रह रही हो।
नज़र मिला के कहो,
आँखें बता रही हैं।

काली-काली ये जुल्फें,
कयामत ढा रही हैं।
पतली कमर ये डोले,
नागिन-सी बल खा रही हैं।
सुर्ख होठों पे ये गुलाब सा,
कुछ तो बता रही हैं।
नजर मिला के कहो,
आँखें बता रही है।

गालों पे तेरे तिल ये,
धड़कन बढ़ा रही हैं।
मंद-मंद मुस्कुनियां,
कुछ तो बता रही हैं।
वक्त का तकाजा ये,
हमको समझा रही हैं।
नजर मिला के कहो,
आँखें बता रही हैं।

अब वो लम्हा याद आता है

अरुण कुमार
(पता :- बऊआ, पटना, बिहार)

ताक-झांक करते हुए,
जिन्दगी गुजर जाता है।
सीखने-सिखाने में,
जिन्दगी सुधर जाता है।
अब वो लम्हा याद आता है।

कुछ रह गया बाकी शायद,
जो हमने किया नहीं।
कुछ रह गया आधा शायद,
जो हमने लिया नहीं।
ये बात अधूरा रह जाता है।
अब वो लम्हा याद आता है।

सच है जीवन गुजरने के बाद,
अपने-पराए याद आते हैं।
सच है जो साथ रहा,
किये-कराए याद आते हैं।
अंत में अफ़सोस के बाद,
जिन्दगी याद आता है।
अब वो लम्हा याद आता है।

प्रेम के पन्ने

प्रोफेसर डॉ० गनेश कुमार सोनी
(पता :- नरसिंहपुर, मध्य प्रदेश)

पन्ने जिन पर प्रेम लिखना चाहूँ
कैसे लिखूँ कुछ समझ नहीं आता
दिल जब लिखता है इन पर,
फिर जितना पढ़ो प्रेम उतना ही उमड़ता।
उनमें निश्चल निर्मल निस्वार्थ भाव की
जब सीधी सादी चुप्पी भरी होती,
शब्द थक कर जब रूक जाते तब,
प्रेम आँखों से झलकता जाता।
जब धड़कन से शब्द मौन होकर
निकलते हैं तब प्रेम भरे उन पन्नों को
ऐसा लगता छिपा लूँ कहीं ये खो न जाएँ।
मुझे बस यही डर अच्छा लगता कि
मैं इन पन्नों में खो जाऊँ,
कोई ढूंढ़कर भी इनसे अलग न कर पाए,
ऐसे मिलन से प्रेम के पन्ने स्मृति में
संजोये हुए अविरत लिखे चले जाते,
और अधिक गहरा प्रेम भर जाते,
जब कुछ चला भी जाए बस यही,
प्रेम पन्ने दिल की किताब जुड़े रहते।
जिंदगी की किताब में ऐसे बस,
प्रेम के पन्ने सदा अमिट छाप छोड़ देते।

प्रेम कैसे लिखूँ

प्रोफेसर डॉ० गनेश कुमार सोनी
(पता :- नरसिंहपुर, मध्य प्रदेश)

प्रेम के पन्ने लिखूँ तो मैं कैसे लिखूँ,
बड़ा गहरा इसमें अहसास छिपा है।
शब्द शब्द में भरा,जैसे प्रीति का रंग,
ऐसी हर बात, प्रेम से भरी लगती है।

प्रेम हो ऐसा, जिसमें भाव हो सच्चा,
पल जब मौन हो प्रेम बहकता नहीं है।
रूठना भी है, और मनाना भी इसमें,
बीते लम्हे भी,भरा हुआ प्रेम परोसते हैं।

दिल धड़कने के लिए, सदा प्रेम ही चाहे,
जब पन्ने लिखे जाते, प्रेम वहीं झलकता है।
प्रेम में निश्छल, निर्मल, निस्वार्थ भाव भरा,
प्रेम बहे जब ऐसे,अपनापन सा लगता है।

मन तभी लिखता है, जब मन में प्रेम हो,
प्रेम के बिना तो,ये जग सूना सा लगता है।
कैसे समझाऊँ तुम्हें प्रेम कभी थकता नहीं,
मुझे प्रेम के बिना, हर बात कच्ची लगती है।

भोर हो आई

जगत पाल
(पता :- PN1, मनीमाजरा,
चण्डीगढ़)

कुहू पीहू उठ भी जाओ,
उठो देखो, भोर हो आई।
रोशनदान से सूरज की किरणें,
तुमसे मिलने को हैं आई।
पत्तों पर बैठी ओस की बूँदें
मोती- सी चमक रही आँखें मूँदे।।
कोयल, पपीहा कब से हैं आए,
कुहु पीहू तुम्हें बुलाएँ।
झूला झूलने फूलों की डाली,
रंग-बिरंगी तितलियाँ हैं आई।।
ठंडी-ठंडी बयार संग अपने
सोंधी-सोंधी महक़ हैं लाई।
कुहु पीहू अब उठ भी जाओ,
उठो देखो भोर हो आई।।

फ्री की मज़दूर

जगत पाल
(पता :- PN1, मनीमाजरा, चण्डीगढ़)

आखिर कब मिलेगा
काम के बदले वेतन,
गृहस्थ महिलाओं को
जो दिनभर करती हैं फ्री की मजदूरी?
घर की ज़िम्मेदारियों तले दबी तानों से लदी,
वो जिसके उल्झे सफ़ेद बाल,
झुकी हुई थकन भरी कमर,
कहानी बयां करती वो फटी एड़ियाँ,
चेहरे पर पड़ी अनगिनत झुर्रियाँ,
आशाओं से भरी हुई आँखें,
मानो माँगती है
अपना बरसों पुराना हिसाब।
आखिर कब मिलेगा इनको
काम के बदले वेतन,
या वो हमेशा
फ्री की मजदूर ही कहलाएँगी?

प्रेम के पन्नों में अमर स्वर कोकिला

गौतम कुमार कुशवाहा
(पता :- मुंगेर, बिहार)

उन्हें ना किसी से शिकवा था, ना किसी से था गिला।
नहीं रहीं अब बीच हमारे, भारत रत्न स्वर कोकिला॥
सुनकर मधुर आवाजें जिनकी,
कर लेता है दुश्मन भी प्यार।
ना रही दीदी की काया अब ,
बह रही आँखों से अश्रु धार॥
हृदयविदारक तान छुपी है, दीदी के मधुर गानों में।
तेरी ही आवाज है गूँजती, पूजा आरती के तानों में॥
शेवन्ती है महतारी तेरी,
पिता हैं तेरे दीनानाथ।
तेरे चले जाने से दीदी,
संगीत हो गया है अनाथ॥
तेरे स्वर में इतनी शक्ति है, जितनी शक्ति है ईश में।
उन्तीस में तू अवतरित हुई, और छोड़ गई बाईस में॥
हर भारतवासी के हृदय में,
गूँजे दीदी की मधुर तान।
तेरे सुरों की सरगम से,
सारा जग हुआ हैरान॥
दीदी तेरी यादों को, प्रेम के पन्नों में लिखा जाएगा।
तेरे गीतों को जो सुने, वो तुझे ना भूल पाएगा।।

ममता का अंतिम आलिंगन

गौतम कुमार कुशवाहा
(पता :- मुंगेर, बिहार)

माँ नर्मदा ने जब अपना, रौद्र रूप दिखाई।
पलभर में ज़िन्दगी, इस जलधारा में समाई॥

दुख का पहाड़ ऐसा आएगा, ना हुआ आभास।
लहरों ने जब भरा उफान, टूटी सबकी आस॥

बीच धार में क्रूज हिला, मचा चारों ओर शोर।
हंसते-मुस्काते चेहरे पर, छाया दर्द का दौर॥

एक माँ की ममता अडिग रही, इस भीषण प्रहार में।
जान गँवा दी माँ ने अपनी, मासूम बच्चों के प्यार में॥

माँ की ममता का मोल नहीं, यह घटना तुम्हें बताएगी।
माँ की ममता युगों-युगों तक, जग को खूब रुलाएगी॥

यह प्रेम बड़ा मतवाला है

प्रेम कुमार त्रिपाठी
(पता :- प्रतापगढ़, उत्तर प्रदेश)

यह प्रेम बड़ा मतवाला है।
यह सबके मतलब वाला है॥

इसके बस में श्रीराम रहे,
वसुदेव रहे घनश्याम रहे।
यह भरत-मिलन चौपाई में,
यह हनुमत की सेवकाई में॥
व्याकुल भक्त विभीषण में,
शिष्य अगस्त्य-सुतीक्षण में।
यह शाश्वत रहने वाला है,
यह प्रेम बड़ा मतवाला है॥

शबरी के अनुराग में प्रेम,
विदुरानी के साग में प्रेम।
बरसाने के फाग में प्रेम,
मीरा के बैराग में प्रेम॥
देवी-देवता शंकर में,
सीताराम-स्वयंवर में।
अविरल बहने वाला है,
यह प्रेम बड़ा मतवाला है॥

मइया की खैलर में प्रेम,
लटकी मटकी सिकहर प्रेम।
वृंदावन की कुंज-गली में,
कान्हा की मोहक मुरली में॥
गोपी, ग्वालन, बालन में,
पावन पाँव पखारन में।
हरदम बसने वाला है,
यह प्रेम बड़ा मतवाला है॥

जटायु तो बनो

प्रेम कुमार त्रिपाठी
(पता :- प्रतापगढ़, उत्तर प्रदेश)

छत की खिड़की के नीचे एक घायल पक्षी पड़ा था। पंख चिथड़ा हुआ, देह कांपती हुई, लहूलुहान और आँखों में बुझती लौ की तरह कोई बात अटकी मालूम पड़ती थी।

मैं सीढ़ियाँ चढ़कर छत पर आया था। धर्मपत्नी स्नान कर चुकी थीं। उन्हें कान्हा की पूजा के लिए गमले से कुछ फूल चाहिए थे। मेरी निगाह फूलों से पहले उस घायल पक्षी पर जा टिकी। मैंने उसके पास बैठकर पूछा - "किसने किया तुम्हारा ये हाल? क्यों किया तुमने इतना संघर्ष? तुम भाग क्यों नहीं गए?" पक्षी गर्वित स्वर में घुरघुराया - "मैं जटायु का वंशज हूँ। मुझे पता था कि बिल्ली मुझसे ज्यादा बलवान है। मेरे पंजे उसके पंजों के सामने तिनके जैसे हैं, लेकिन जब मासूम बच्चे खतरे में होते हैं तो उनकी कातर आवाज आकाश को चीर देती है, फिर भला कोई जटायु कैसे चुप बैठ सकता है! चुपचाप रहता तो शायद जिंदा बच जाता, लेकिन फिर लज्जा से मर जाता। "मैंने उस पक्षी को प्रणाम किया। थरथराती आवाज में वह पुनः बोला - "हर युग में कोई न कोई रावण आएगा। कभी बिल्ली के रूप में, कभी भेड़िए के रूप में। हर बार राम नहीं आएंगे,पर कहीं न कहीं कोई जटायु तो होना चाहिए, जो मृत्यु की छाया में भी धर्म का पक्ष ले। प्रेम-डोर से बंधे और 'रे रे दुष्ट ठाढ़ किन होही, निर्भय चलेसि न जानेहि मोही' जैसी ललकार बनो।"

बीस रुपये की दाल

अमिताभ सिंह
(पता :- दिल्ली)

मैं बहुत दिनों बाद आज अपने एक दोस्त से मिलने जा रहा हूँ। कभी हम स्कूल में एक साथ पढ़ा करते थे। मुझे वो स्कूल के दिन अक्सर याद आया करते हैं तो मैंने सोचा क्यों न आज अपने स्कूल टाईम के दोस्त से मिला जाए। सच बोलूँ, मुझे उससे मिले कई साल हो गए। अब मुझे सही से याद भी नहीं कि उसका घर कहाँ पर है, ...खैर इलाका तो याद है वहाँ जाकर किसी से पूछ लूँगा।

चलते चलते कुछ ही देर में वो इलाका भी आ गया जहाँ पर वह रहता है। यहाँ तो बहुत सारे मकान बन गए हैं। जब मैं यहाँ आता था तो बहुत कम ही मकान हुआ करते थे। अब तो जरूर किसी से पूछना ही पड़ेगा।

मुझे दूर से एक दुकान दिखी और मैं उसी दुकान की तरफ चल पड़ा, अब दुकानदार से ही दोस्त का घर पूछूँगा। पर जब मैं दुकान पर पहुँचा तो मैंने देखा दुकान पर कुछ बच्चे खड़े हैं। दुकानदार बीस रुपये की दाल को लेकर एक बच्चे से ऊँचे स्वर में कुछ कह रहा था, "बीस रुपये की दाल तुम कितने लोग खा लोगे? अरे बीस रुपये में भी कोई दाल आती है?"

बच्चा बोला, "आप बीस रुपये की जितनी दाल आती है, उतनी ही दे दो, पापा ने बोला है अभी इतने ही पैसे हैं।"

दुकानदार ने कहा, "पापा से कहना, पहले के भी उधार के पैसे हैं। वो भी दे दो। बहुत दिन हो गए हैं। जब उधार लेना होता है तो खुद आते हैं और जब उधार के पैसे माँगने लगो तो बच्चों को सामान लेने भेजना शुरू कर देते हैं। बताओ, बीस रुपये में 150 ग्राम दाल आएगी। उसमें घर के चार-पाँच लोग खाना भी खा लेंगे। कमाल है!"

जब बच्चे चले गए तो मैंने दुकानदार से एक कोल्ड ड्रिंक ली और उससे बात करने लगा। मैंने पूछा, "यह इलाका बहुत बदल गया है। जब मैं बहुत साल पहले यहाँ आया करता था तब यहाँ बहुत ही कम घर थे। आज तो यह जगह पहचान में ही नहीं आती।"

दुकानदार ने कहा, "हाँ। अब यहाँ पहले जैसी बात नहीं रही।
यहाँ की आबादी बहुत ज्यादा हो गई है। पता नहीं कहाँ-कहाँ से लोग आकर यहाँ रहने लगे, किसी के बारे में कुछ नहीं पता।"

मैंने दुकानदार को कोल्ड ड्रिंक के पैसे दिए और अपने दोस्त का पता पूछने

लगा। उसने बताया, यही तीसरी गली में आखरी वाला मकान होगा।

मैं उसके बताए रास्ते पर चलने लगा और कुछ ही देर में मैं दोस्त के घर पहुँच गया। विनोद मुझे देखकर बहुत खुश हुआ। मैंने भी उसे बताया कि मुझे अपने स्कूल के दिन बहुत याद आते थे, तो मैं तुझसे मिलने चला आया।

मुझे पता चला कि विनोद की शादी हो चुकी है और उसके तीन बच्चे भी हैं। माता-पिता भी अब विनोद के साथ ही रहते हैं। बात करते-करते मेरी नजर विनोद के लड़के पर गई। मुझे ध्यान आया, यह तो वही बच्चा है जो उस दुकान से बीस रुपये की दाल ले रहा था।

इतने में विनोद बोला, "चल! साथ में खाना खाते हैं।" तभी मुझे उस दुकानदार की कही वो बात याद आई, 'बीस रुपये की दाल में पूरा परिवार खा लेगा, कमाल है'!

विनोद बोला, "अरे! शरमा मत, चल खाना खाते हैं। तुझे याद है, हम स्कूल में भी एक साथ ही खाना खाया करते थे।"

मुझे विनोद के साथ के वो स्कूल के दिन याद आ रहे थे, तो कभी आज के विनोद के घर के हालात। बातों-बातों में विनोद ने बताया कि अभी कुछ समय पहले ही उसकी नौकरी चली गई। तीनों बच्चे स्कूल भी जाते हैं, पैसों की बहुत दिक्कत है।

मुझे पता है विनोद के दिन कितने भी बुरे क्यों न हों, वह कभी किसी से मदद नहीं माँगेगा।

मुझे विनोद के घर आए हुए बहुत समय हो गया, अब मुझे चलना चाहिए।

विनोद के घर से निकलते समय मैं विनोद के उसी लड़के को अपने साथ उसी दुकान पर ले गया। उसको और उसके भाई-बहन के लिए चीजें दिलाईं और विनोद का सारा उधार उतार दिया।

विनोद स्कूल के दिनों में मेरा सच्चा दोस्त था, और आज भी है।

तुम नहीं आई

अभिमत नारायण कौशिक
(पता :- अरवल, बिहार)

सावन आया घटा छाई,
धरा की प्यास बुझी,
हरियाली छाई,
पर तुम नहीं आई।

दीप जले दिवाली आई,
शहरों ने रोशनी पाई,
सब ओर खुशियां छाई,
पर तुम नहीं आई।

बसंत आया, दूब सुगबुगाई,
फूलों की हुई सगाई,
भौरों की बाजी शहनाई,
पर तुम नहीं आई।

बागों में अमराई,
खेतों में सरसों– राई,
कोयल गाई,
पर तुम नहीं आई।

सरसों पियराई,
धरा पर पीतांबर छाई,
मन को श्रृंगार भाया,
पर तुम नहीं आई।

होली, गालों पर रंगोली,
धोती–पगड़ी सब रंगाई,
मिल-जुल खाई मिठाई,
पर तुम नहीं आई।

उदासी छाई, नीरसता आई,
दुख आया, निरवता आई,
मैं ढहा, उम्मीद टूटी,
पर तुम नहीं आई।

चाँद आया, चाँदनी आई,
कलियाँ मुस्काई,
रात गई,
पर तुम नहीं आई।

मन हारा, बुद्धि गई,
तन्हाइयाँ छाई,
सब छूटा, दिल टूटा,
पर तुम नहीं आई।

ख़्यालों में तुम्हारी याद आई,
दिल में उम्मीद गहराई,
एक बार लगा आखिर आई,
पर तुम नहीं आई।

एक प्रेम ऐसा भी

अभिमत नारायण कौशिक
(पता :- अरवल, बिहार)

हर रोज मिले पर बात नहीं की,
जो करनी थी शुरुआत नहीं की,
दिल का मामला समझकर दिमाग लगाया ही नहीं,
अब शायद ही कोई दिन हो,
जब मिलने की फरियाद नहीं की।।

तुम पास ही थी पर अहसास नहीं की,
धड़कनों की गवाही पर विश्वास नहीं की,
सपने भी सच होते हैं ये ख्याल किया ही नहीं,
अब शायद ही कोई दिन हो
जब नयनों ने बरसात नहीं की।।

अपने जज्बातों का मान नहीं किया,
समय के कुचक्र की पहचान नहीं की,
शब्द-अर्थ से बिछड़कर निष्प्राण होगा विचार किया ही नहीं,
अब शायद ही कोई पल हो
जब खुद से विद्रोह नहीं की।।

आज भौंरे ने मधुपान नहीं किया,
भरी सावन में मेघों ने बरसात नहीं की,
समय की प्रतिकूलता का परवाह किया ही नहीं,
तुमसे मिले पर आँखों ने करामात नहीं की।।

मुश्किल के पल

राजेन्द्र प्रसाद पटेल 'रंजन'
(पता :- खड्डा, शहडोल,
मध्य प्रदेश)

आओ प्यारे मुश्किल से हम टकराना सीखें।
आगे बढ़ना है तो कटु को नित खाना सीखें।

झरने बहते पथ पर पत्थर से हैं टकराते,
पाते सागर तब वैसे ही हम पाना सीखें।

माया से चल आगे मोती कर में आएगा,
मन के मैं से जीते झण्डा फहराना सीखें।

कायर वो जो कर बिन खाते ठगते लोगों को,
दुर्गम पथ चल माँ हित झोली फैलाना सीखें।

ठंडी-गर्मी सहकर पत्थर सोना बन जाता,
शोले में जलकर दीनों को सहलाना सीखें।

कीट-पतंगों से लड़ते पलते अरु फल देते,
कटते-छिलते सोफ़ा बन मन बहलाना सीखें।

उगते डाली पत्तों के बिच रँगी पँखुड़ियाँ ले,
तूफानों से टकराते पल महकाना सीखें।

हम क्यों रूठते हैं

राजेन्द्र प्रसाद पटेल 'रंजन'
(पता :- खड्डा, शहडोल,
मध्य प्रदेश)

कहो,
क्यों किसी से,
हम रूठते हैं!
बेबजह,
बिन तूफान,
हम टूटते हैं।
जरा
याद करें
उस पल की,
फिसले जहाँ,
उस तल की।
मिला मौका
सम्हलने का,
राह में
हर डाल
फलने का।
जो
किन्तु परन्तु
के तासीर में
डूब
पराग खो डाला,
या
सड़ गए
केशर,
आई
नपुंसकता,
यहीं अँधेरे में
तब्दील
होने लगता उजाला।
जिसे
नज़र अंदाज़ कर
मंजिल से
हम छूटते हैं,
बेवजह
बिन तूफान
हम टूटते हैं।
गर
कभी
याद आती,
तब तक
हम फिसल चुके होते,
फिर
अपनी भड़ास
किसी और पर निकालते।
और
मन में
ॐ शांति
के धरातल
नफ़रत
विकसने लगता,
उबलता
जहरीला रस,
और
हम फूटते हैं,
बेवजह
बिन तूफान
हम टूटते हैं।

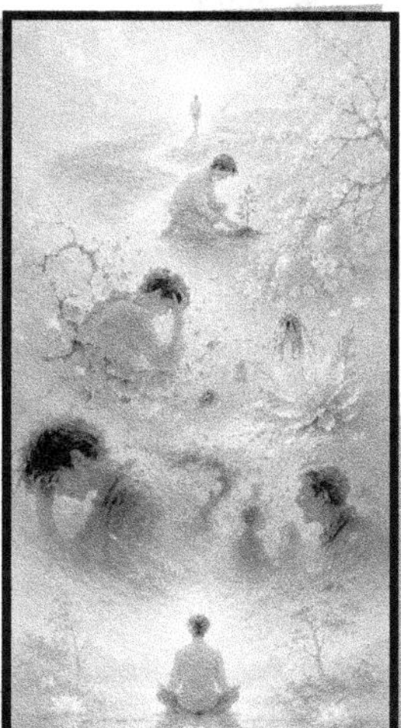

दुनिया दर्शन मेला

विजय कुमार सिन्हा
(पता :- गया, बिहार)

दाएँ फूले कमल केतकी
बाएँ महके बेला।
दुनिया दर्शन मेला।
हँसकर देखो, रोकर देखो,
जगकर देखो, सोकर देखो।
लाखों खेल-तमाशे लेकिन
लगे न दाम, न धेला।
दुनिया दर्शन मेला।।
अनगिन मुखड़े, अनगिन छवियाँ,
एक-एक से बढ़कर कृतियाँ।।
पाहन जो भी छुओ,
निकलता है मिसरी का ढेला।
दुनिया दर्शन मेला।।
सब गाहक औ' सब व्यापारी
सबके सिर पर गठरी भारी।
एक तराजू तोले सबको
चेली हो या चेला।
दुनिया दर्शन मेला।।
जब तक बिछा हुआ है बस्ता,
सबसे जोड़ प्यार का रिश्ता।
एक दिन तो हर पिंजरे का,
पंछी उड़े अकेला।
दुनिया दर्शन मेला।।

वक्त की परछाइयाँ

विजय कुमार सिन्हा
(पता :- गया, बिहार)

खेत में जल कहाँ से लाओगे?
मौत का हल कहाँ से लाओगे?

बात करते जो पल बीत गया,
आज वो कल कहाँ से लाओगे?

जिसमें आँसू समा सकें मेरे,
ऐसा आँचल कहाँ से लाओगे?

दूर कर दे जो बेकसी,
ऐसी पायल कहाँ से लाओगे?

आँसुओं से लिपट के सो जाए,
ऐसी काज़ल कहाँ से लाओगे?

आत्म चिंतन - जीवन है क्या?

अनु भास्कर
(पता :- मुंगेली, छत्तीसगढ़)

जीवन क्या है? इस रहस्य को आज तक मैं समझ नहीं पाई। कोई कहता है यह प्यार भरा नगमा है, कोई कहता है सुख-दुःख का संगम है, कोई कहता है यह खुली किताब है, पर ज़िंदगी को लेकर मेरा नज़रिया कुछ और ही है। बचपन से आज तक एक अजीब सवाल पीछा करती है जीवन है क्या ? लोग यहाँ कहाँ से आते है और सारे रिश्ते नाते तोड़ कर कहाँ चले जाते है, फिर क्यों उनके निशां नहीं मिलते, सबको यहाँ से जाना ही है तो फिर आते ही क्यों है? अपने पीछे छोड़ जाते हैं दर्द क्यों? बड़ी कश्मकश में हूँ मैं। जिनसे इस कदर रिश्ते बन जाते हैं तो फिर टूटते क्यों हैं? क्या इसे ही जीवन की परिभाषा कहते है।

जब यहाँ से जाना होता है सारे सपने, सारी सोच धरी की धरी रह जाती है। बस अपनों को खोने का दर्द रह जाता है। मन कभी ईश्वर की सत्ता को स्वीकार करता है और कभी नकारता भी है। अगर ईश्वर कहीं है तो सब जनों को दर्द क्यों? पल दो पल की खुशी, फिर जीवन भर का ग़म क्यों? भौतिकता की चरम सीमा पर पहुँच चुके हैं, फिर मन बेचैन क्यों? जो व्यक्ति चौबीस घंटे भक्ति भाव में डूबा है, फिर उसका अंत क्यों? मन में फिर वही सवाल खड़े हो जाते हैं आखिर जीवन है क्या?

मैं तुझपे क्या लिखूँ

अनु भास्कर
(पता :- मुंगेली, छत्तीसगढ़)

क्या लिखूँ मैं तुझपे कविता,
हर छंद तुझपे आकर ठहर जाता है।

क्या लिखूँ मैं तुझपे गज़ल ,
तराने इश्क तुझपे आकर ठहर जाती है।

क्या लिखूँ मैं तुझपे गीत,
हर राग तुझपे आकर ठहर जाता है।

क्या बनाऊँ मैं तुझपे संगीत,
हर साज तुझपे आकर ठहर जाता है।

क्या लिखूँ मैं तुझपे लेख,
हर सोच तुझपे आकर ठहर जाती है।

क्या लिखूँ मैं तुझपे कहानी,
हर किरदार तुझपे आकर ठहर जाता है।

क्या लिखूँ मैं तुझपे किताब,
प्यार है तुझसे बेहिसाब,
तेरी यादों में कलम ठहर जाती है।

बीच का आदमी

डॉ० विनोद तिवारी
(पता :- मोतिहारी, बिहार)

मैं बीच का आदमी हूँ!
मेरे हिस्से में
न धरती है, न आकाश,
मेरे किस्से में
न प्रगति है, न विकास।

मैं बीच का आदमी हूँ!
इसलिए
न आरक्षण है, न संरक्षण,
मेरे लिए
न आवंटन है, न संघटन।

मैं बीच का आदमी हूँ!
लोक और तंत्र के बीच
मैं लटका हूँ-
त्रिशंकु की तरह!

संविधान के अनुच्छेदों के बीच
मैं अटका हूँ-
साँप छछूंदर की तरह!!

मैं बीच का आदमी हूँ!
न घर का हूँ
न घाट का हूँ
मैं धोबी का कुत्ता हूँ।

इस गली से
उस गद्दी तक जाने में
मैं तेरे पैरों का जूता हूँ,,
मैं बीच का आदमी हूँ!!

समझे न प्रीत परिभाषा

डॉ० विनोद तिवारी
(पता :- मोतिहारी, बिहार)

व्याकुल है
मन की जिज्ञासा
समझे न
प्रीत परिभाषा,
पोथी खोली
पोथा खोला
कोष,ग्रंथों में
अर्थ टटोला,
थके सब हारे
शब्द बेचारे
ढाई आखर
कुछ न बोला,
बुझी नहीं
मन की पिपासा
समझे न
प्रीत परिभाषा!!
उद्धव से
माधव से पूछा;
तुलसी के
राधव से पूछा,
प्रेम-तत्व
दरसाने वाले
सूत,शुक से
नारद से पूछा,
क्यों,जग से
न गई निराशा?
समझे न
प्रीत परिभाषा!!
वनिता ललिता
राधा,मीरा
सूर,तुलसी
रैदास,कबीरा,
प्रेम-रस
को पीने वाले
पीकर क्या?
मिट गईं पीरा?
तृप्त हुई
क्या अभिलाषा?
समझे न
प्रीत परिभाषा!!

भावों की आवाजाही

अभिनव शिवम
(पता :- पलवल, हरियाणा)

प्रेम के पन्नों पर
स्मृतियों की स्याही से,
कुछ लिखता हूँ
भावों की आवाजाही से।
जो मुझे प्यार करते हैं,
उन्हीं का दिल दुखा देता हूँ,
प्यार अंदर छुपा रखता हूँ,
गुस्सा बाहर उड़ेल देता हूँ।
प्यार का सागर भीतर
ही भीतर लहराता है,
करुणा प्लावित हो हहराता है।
कितनी-कितनी बार
अपनी ही भूलों पर रोता हूँ,
अपने प्रिय के सुख को
उजली मोतियों में पिरोता हूँ।

चुपके से

अभिनव शिवम
(पता :- पलवल, हरियाणा)

उन्हें चाँद से शिकायत है
उसमें ताप ही नहीं,
उन्हें सूरज से शिकायत है
उसमें चाँदनी नहीं,
उन्हें फूलों से शिकायत है
उनके मुरझा जाने की,
उन्हें बादलों से शिकायत है
मौका-बेमौका बरस जाने की,
उन्हें दिन से शिकायत है
ढल जाने की,
उन्हें रात से शिकायत है
गुज़र जाने की,
हमें शिकायत है
पाकर भी न पाने की।
काश! शिकायत का पुलिंदा,
आकाशगंगा में बहा देते,
प्रेम का एक पन्ना
चुपके से थमा देते।

प्रेम के पन्ने

संजय कुमार राव
(पता :- गोरखपुर, उत्तर प्रदेश)

प्रेम के पन्ने, तुम्हारे प्रेम के पन्ने।
हैं बहुत ही याद आते प्रेम के पन्ने।

नेह का आँचल, तुम्हारे स्नेह का आँचल,
बाँह के घेरे का बन्धन, प्यार का साँकल।
होंठ के रससिक्त चुम्बन से सने पन्ने।
हैं बहुत ही याद आते प्रेम के पन्ने।

शब्द होते मौन, आँखें थीं बयां करती।
कल्पना की वो छुअन जब मन को थी हरती।
कँपकँपाते हाथ से चित्रित हुए पन्ने।
हैं बहुत ही याद आते प्रेम के पन्ने।

जुगनुओं की ज्योत से मिटता नहीं तम है।
दीर्घ-से नि:श्वास से कटता नहीं ग़म है।
आस मिलने की जगाते रस पगे पन्ने।
हैं बहुत ही याद आते प्रेम के पन्ने।

माँ

संजय कुमार राव
(पता :- गोरखपुर, उत्तर प्रदेश)

माँ के चरणों में ही मेरी जन्नत है।
माँ का प्यार मिले हरदम ये मन्नत है।

माँ की सेवा जो शिद्दत से कर पाए,
सचमुच ही में ये तो उसकी किस्मत है।

माँ है सच्चा प्यार लुटाती बच्चों पर,
बच्चे भी प्रतिदान करें तो इज़्ज़त है।

खुद दु:ख सह बच्चों पर आँच न आने दे,
माँ में ऐसी अतुलनीय सी हिम्मत है।

माँ की गरिमा का सम्मान जहाँ होता,
सचमुच ही में वो परिवार समुन्नत है।

नि:शब्द एहसास

स्व० प्रेमशीला विजय प्रताप कुशवाहा "संगम"
(पता :- कुशीनगर, उत्तर प्रदेश)

वह मित्रता ही क्या जिसे बार-बार याद दिलाना पड़े,
वह मोहब्बत ही क्या जिसे हर बार जताना पड़े।

जो बिन कहे पढ़ न सके आँखों की नमी को,
वह साथी ही क्या जिसे मिन्नतें कर पास बुलाना पड़े।

खामोशियों में जो गूँज बनकर उतर न सके,
वह धड़कन ही क्या जिसे शब्दों से सजाना पड़े।

रिश्ता तो वह है जो रूह से रूह तक महका करे,
वह फूल ही क्या जिसे बार-बार इत्र पिलाना पड़े।

अगर माँगनी पड़े तवज्जो, तो फिर वो वफ़ा कैसी?
वो महफ़िल ही क्या जहाँ अपना हक़ जताना पड़े।

सच्चे जुड़ाव तो बस खामोश दुआओं में पलते हैं,
वह इबादत ही क्या जिसे दुनिया को दिखाना पड़े।

वक्त की गर्द में जो यादें धुँधली पड़ जाएँ,
वह मंज़र ही क्या जिसे बार-बार चमकाना पड़े।

'संगम' वही जो बिना शर्त सागर में विलीन हो,
वह किनारा ही क्या जहाँ लहरों को गिड़गिड़ाना पड़े।

हिन्दी मेरी माँ

लक्ष्मीदास मानिकपुरी
(पता :- कोंडागांव, छत्तीसगढ़)

माँ की ममता, पिता का प्यार,
भारतभूमि का आधार है हिन्दी।

आग की तपन, पानी की शीतलता,
अभिव्यक्ति की इसमें अनुपम क्षमता।

हिन्दी से ही दिन शुरू, हिन्दी से ही शाम,
हम भारतीयों की है पहचान।

कश्मीर से कन्याकुमारी तक,
संसद से सड़क तक,
इल्म से फ़िल्म तक,
अ अज्ञानी से ज्ञ ज्ञानी तक,
हिन्दी की अदभुत परिधान।

हिन्दी, मेरी माँ! तुम्हें,
'लक्ष्मी' का कोटिशः नमन,
मेरा लघु जीवन,
नित तेरे यशोगान में मगन।

माँ की ममता, पिता का प्यार,
भारतभूमि का आधार है हिन्दी।

यादों की गठरी

काजल कुमारी
(पता :- पांडवेश्वर, पश्चिम बंगाल)

स्मृति पटल पर चलचित्र की भांति...
चलते हैं ये यादों के पिटारे...
झंकृत हो जाती मन की वीना...
मानो कोई नजदीक से पुकारे...

छलक जाती आँखें... जब
नजदीक उन्हें नहीं पाते तब...
मुस्कान आ जाती लबों पर
मधुर यादें तैर जाती दिलों पर...

ठिठक जाता तन,
स्पंदित हो जाता मन
मानो हृदय के संदूक में
भरा हो जीवन....

कुछ खट्टी, कुछ मीठी यादों
का ताना-बाना
दे रही हो साकी, यादों से
महका महखाना...

यूँ तो हर घटना को याद ही बन जाना...
लेकिन, बिछड़ के मुश्किल
हो जाता भूल पाना...
दिखे सुगम पर, कठिन है...

मुस्कान व दर्द का संगम
टुकड़े-टुकड़े जीवन से,
बनता यादों का ये बंधन...
दिल करता है, यूँ खोल दे
पिटारे सा यादों का बंधन...

कोई श्रोता मिल जाता जो सुन
लेता हृदय का स्पंदन..।।

आओ! वापस चलें अपने गाँव

डॉ० गीता पांडेय "बेबी"
(पता :- जबलपुर, मध्य प्रदेश)

आओ! वापस चलें अपने गाँव,
बरगद की छाँव मेरा सुंदर गाँव,
चहक रही चिड़िया नाच रहे भँवरे,
गा रही कोयल उड़ रही तितलियाँ,
खिलती कलियाँ, महकता उपवन,
झूमता गगन, सूहावनी गलियाँ,
गाँव के पनघट पर बैठी थी गोरिया,
आते-जाते करती सबसे ठिठोलियाँ,
बहते झरने बहती नदिया,
कल-कल करती वादियाँ,
शहर की धुआँ-धक्कड़ ज़िंदगी से,
प्रदूषण से मुक्त ज़िंदगियाँ।
आओ! वापस चलें अपने गाँव,
दादा-दादी, नाना-नानी सब मिलेंगे,
मामा-मामी, भाई-भाभी संग खूब जमेगी।
फिर पुराना बचपन लौट आएगा।
वह पीपल की छाँव तले
सतुआ और अमिया की चटनी,
संग साथी की याद दिलाएगा
आओ! वापस चलें अपने गाँव।।

अत्याचार

प्रीति चौरसिया गुप्ता
(पता :- भोपाल,
मध्य प्रदेश)

अत्याचार एक व्यवहार है,
जीवन के हर क्षेत्र में इसका सरोकार है।
सास द्वारा किया जाने वाला
बहू पर खराब व्यवहार, अत्याचार है।
दहेज की चाहत में ससुराल द्वारा बहू पर
किया जाने वाला खराब व्यवहार, अत्याचार है।
ठेकेदार द्वारा अपने बंधुआ मजदूर के प्रति
किया जाने वाला खराब व्यवहार, अत्याचार है।
अमीरों द्वारा गरीबों पर
किया जाने वाला खराब व्यवहार, अत्याचार है।
निजी संस्थाओं और सरकारी संस्थाओं के
कुछ कर्मचारियों द्वारा अपने अधीनस्थ कर्मचारियों को
तनाव सहित किया जाने वाला व्यवहार, अत्याचार है।
अत्याचार की परिभाषा असीमित है।
पर मानवता द्वारा सीमित और मृदुलता की पहल जरूरी है।

शृंगार (आल्हा छंद मुक्तक)

विशाल जैन 'पवा'
(पता :- तालबेहट,
उत्तर प्रदेश)

नयनों की भाषा सुन प्यारे, शब्द गूँजते मन आधार।
गालों पर बिजली-सी चमके, हो सुरम्य अद्भुत संसार।
बिन बोले ही मधुरस घोले, ललित लालिमा रखते होंठ,
प्रेम सहेजें झिलमिल आँचल, घूँघट में अनुपम शृंगार॥

स्पर्श हवा जब तन का करती, छूले मन को जागे प्रीत।
आकर्षक शृंगार किया है, रूप निखारे बनकर मीत।
हृदय भरा हो रम्य उजाला, मधुर यामिनी रुचि संयोग,
क्षण भर में ही रंग बदल दे, सावन-सी सुन्दर शुभ रीत॥

प्रियतम से मिलकर होती है, प्रेम झरोखे मन की बात।
पलकें दिव्य मनोहर लगतीं, रूप-गंध की मृदु सौगात।
अधरों से वह रस बरसा दे, ललित लालिमा केश निखार,
आभामय शृंगार सजाया, मधुर मिलन की मनहर रात॥

आलिंगन से जाग उठे फिर, प्रीत बहेगी मधुर समीर।
धड़कन बन साँसों में भर दे, गूँज मनोरम मनुज अधीर।
उभरे वक्ष उमंग झलकते, स्पर्श रचे हिय नव शृंगार,
मंद सुगंध भरे अंतस में, स्पंदन वपु अनुरागी वीर॥

बाँहों में स्वप्निल अनुरागी, मुखमण्डल प्रिय चंद्र समान।
आभूषण शृंगार मनोहर, सौम्य सुहावन सुमधुर गान।
कंचन-तन पर रंग सजाये, महके रति-सरिता की धार,
कह विशाल मन अति चंचल है, जाग उठे हैं भाव वितान॥

प्रेम के पन्ने

वी० एन० वी० पद्मावती
(पता :- हैदराबाद, तेलंगाना)

प्रेम के पन्ने जब भी मैं खोलता हूँ,
तेरी यादों का समंदर बोलता हूँ।
हर एक लफ्ज़ में बस तेरा ही नाम,
जैसे धड़कनों का कोई अनकहा पैगाम।
स्याही में घुली तेरी मुस्कान,
कागज़ पर उतरा हर अरमान।
तेरे बिना सब अधूरा सा लगे,
जैसे चाँद बिना रात अधूरी जगे।
तेरी हँसी की खनक लिखी है,
हर पंक्ति में तेरी झलक दिखी है।
जब भी इन पन्नों को पलटता हूँ,
खुद को तेरे करीब पाता हूँ।
खामोशी भी यहाँ गुनगुनाती है,
तेरी बातें फिर याद दिलाती है।
हर शब्द में छुपा एक एहसास,
जैसे तू हो मेरे हर पास।
ये पन्ने सिर्फ कागज़ नहीं,
मेरे दिल की आवाज़ यहीं।
इनमें बसती तेरी हर अदा,
हर ख्वाब, हर छोटी सी दुआ।
समय भी इन्हें मिटा न पाए,
ये प्रेम सदा यूँ ही गुनगुनाए।
जब भी पढ़ूं, दिल मुस्काए,
तेरा चेहरा सामने आ जाए।
प्रेम के ये पन्ने अनमोल हैं,
मेरे जीवन के सच्चे मोल हैं।

प्रकृति प्रेम

शिखा सक्सेना
(पता :- दिल्ली)

प्रकृति की बाहों में सुकून मिलता है,
हर पत्ता जैसे कोई गीत सुनाता है।
ठंडी हवाओं का स्पर्श प्यारा लगता है,
मन हर पल इसमें खो सा जाता है।

फूलों की खुशबू दिल को महकाती है,
हर कली मुस्कान सिखाती है।
पेड़ों की छाँव में चैन मिलता है,
हर थकान दूर हो जाती है।

नदियाँ कल-कल करती बहती हैं,
जीवन का संदेश सुनाती हैं।
सागर की लहरें जब उठती हैं,
दिल में उमंग जगा जाती हैं।

चाँदनी रातें मन को भाती हैं,
तारों की झिलमिल छा जाती है।
सूरज की किरणें जब फैलती हैं,
हर सुबह नई आशा जगाती है।

बारिश की बूँदें जब गिरती हैं,
धरती खुशियों से भर जाती है।
मिट्टी की ख़ुशबू महक उठती है,
हर याद ताजा कर जाती है।

पक्षियों की चहचहाहट प्यारी,
जीवन को मधुर बनाती है।
तितलियों के रंगीन पंख,
हर दिल को भा जाते हैं।

हर मौसम कुछ कहता रहता,
हर दृश्य नया संदेश देता।
प्रकृति का यह प्रेम अनोखा,
हर दिल को अपना बना लेता।

आओ इसे सहेजें हम सब,
इससे अपना नाता जोड़ें।
प्रकृति ही सच्चा प्रेम है,
प्रकृति ही सबसे अनमोल है।

प्रेम में माफ़ी का महत्व

डॉ० शिखर सक्सेना
(पता :- दिल्ली - 92)

प्रेम केवल खुशियों और मधुर पलों का नाम नहीं है, बल्कि यह समझ, धैर्य, त्याग और माफ़ी का सुंदर संगम है। किसी भी रिश्ते में छोटी-छोटी गलतियाँ और मतभेद होना स्वाभाविक है, लेकिन यदि इन्हें दिल में जगह दी जाए, तो ये धीरे-धीरे रिश्तों में दूरी पैदा कर देते हैं। ऐसे में माफ़ी वह सेतु बनती है जो टूटते हुए रिश्तों को फिर से जोड़ देती है।

"माफ़ी वह कुंजी है जो दिलों के बंद दरवाज़े खोल देती है।" जब हम अपने प्रियजन की गलती को माफ़ करते हैं, तो हम अपने अहंकार को पीछे छोड़कर रिश्ते को महत्त्व देते हैं। इससे न केवल आपसी विश्वास मजबूत होता है, बल्कि संबंधों में अपनापन और गहराई भी बढ़ती है।

"जहाँ माफ़ी होती है, वहीं सच्चा प्रेम खिलता है।" माफ़ करना केवल दूसरे व्यक्ति को राहत देना नहीं है, बल्कि यह हमारे अपने मन को भी शांति और सुकून प्रदान करता है। यह नकारात्मक भावनाओं जैसे क्रोध, द्वेष और दुख को दूर करके दिल को हल्का करता है।

"गलती करना मानव स्वभाव है, पर माफ़ करना महानता है।" सच्चे प्रेम में माफ़ी एक ऐसी ताकत है जो रिश्तों को टूटने से बचाती है और उन्हें लंबे समय तक जीवित और खुशहाल बनाए रखती है।

"प्रेम में जीत उसी की होती है, जो माफ़ करना जानता है।" इसलिए यह कहा जा सकता है कि माफ़ी के बिना प्रेम अधूरा है, क्योंकि माफ़ी ही वह आधार है जो रिश्तों को सच्चाई, विश्वास और स्थिरता प्रदान करता है।

अंत में कह सकते हैं.....

माफ़ी से रिश्तों में मिठास आ जाती है,
टूटी हुई डोर फिर से जुड़ जाती है।
जहाँ दिल से दिल को समझा जाता है,
वहीं सच्चा प्रेम मुस्कुराता है।

वीरों को सलाम

सागर सापकोटा
(पता :- विश्वनाथ, असम)

हे देश के वीर योद्धा तुझे शत् शत् सलाम,
देश के लिए तू मोती और हीरा समान।
दुष्टों को मारके कर दिया छलनी-छलनी,
देश के लिए तूने दे दी अपने प्राणों की बलि।
जनता को कभी खरोंच तक न आने दिया,
देश हित के लिए तूने क्या नहीं किया!
दिया करारा जवाब गोली का गोली से,
अहंकार का जवाब खून की होली से।
हे महान वीर तुझे शत् शत् प्रणाम,
तूने तो कर दिखाया देश का ऊँचा नाम।
तूने तो दुश्मनों को तार-तार कर दिया,
बारूद के ढेरों में न्योछावर कर दिया।
तू सदा रहे अमर, तू सदा रहे अजर,
तू सदा रहे वीरों में वीर, तू महावीर।

कागज के टुकड़े ने

कागज के एक टुकड़े ने,
कैसा जादू कर डाला है!
एक छोटे से काग़ज में,
'आई लव यू' लिख डाला है।

घर के आंगन में कुर्सी पर,
धूप सेंकता लड़का बैठा था।
राह से गुज़री एक लड़की ने,
एक काग़ज उसको फेंका था।

उठा कर टुकड़ा काग़ज का,
खोल कर जैसे ही देखा।
'आई लव यू' लिखा था उसमें,
प्रेम-पत्र वह था अनोखा।

काग़ज में जो लिखा था,
कई बार उसे पढ़ डाला।
हम-उम्र उस लड़की ने,
राह चलते ये खत डाला।

प्यार हुआ था लड़की को,
बात समझ में अब आई।
रूप-रंग की सुन्दर लड़की,
प्यार से मन को है भाई।

ख़त के बदले ख़त लिख डाला,
प्यार हुआ है ऐसा लिख डाला।
ख़त के बदले ख़त मिलते ही,
दोनों प्यार के ख़त लिखते हैं।

डॉ० अनन्तराम चौबे अनन्त
(पता :- जबलपुर, मध्य प्रदेश)

काग़ज के टुकड़े के प्रेम पत्र ने,
दिल से दिल का हाल बताया।
प्यार की पाती मन को भाई,
जीवन में खुशियों को सजाया।

आज़ाद प्रेम की ऐसी पाती,
जीवन में भर दी खुशहाली।
प्रेम रंग से खुशियां रंग डाली,
काग़ज की पाती है निराली।

पाति प्रेम की

तुलसीराम "राजस्थानी"
(पता :- नावां सिटी, नागौर, राजस्थान)

हे प्रिये!... जबसे तुम मेरे सम्पर्क में आई हो
मेरे खयालों-ख्वाबों में बस, तुम ही तुम समाई हो
मेरे शांत-गंभीर जीवन में, ये कैसी उथल-पुथल मचाई हो।

तेरा चाँद-सा मुखड़ा, तेरे काले-कजरारे नैन
तेरी झुकी-झुकी पलकों ने, मेरे दिल का उड़ा दिया है चैन
तुम्हारी मासूम-सी सूरत, अब नजरों से हटती नहीं दिन-रैन।

तुम्हारे रसभरे गुलाबी होंठ, रतलाए गाल
बलखाती, लजवंती तुम्हारी वो दुल्हन-सी चाल
जिसे देखकर हर राहगीर, तनिक रुकने को मजबूर हो जाय।

कनखियों से देखना, चेहरे को आँचल में छुपाना
पास बुलाने पर मेरे, तुम्हारा वो छुईमुई-सा शर्माना
हाय ! घायल-सा कर गया, तुम्हारा वो मंद-मंद मुस्कुराना।

सुरमई सुगंध लिए, तुम्हारे मेंहदी रचे हाथ
कानों में रस घोलती, तुम्हारी वो पायल की झनकार
तुम्हारी कंचन-सी काया के आगे, अप्सरा भी फीकी पड़ जाय।

काश ! तुम कुछ पल, मेरे पास और ठहर जाती
अगर मैं गीतकार होता, तुम्हें अपने गीतों में उतार लेता
काश ! मैं कलाकार होता, तुम्हें कला के साँचे में ढाल लेता।

हे कामणगारी ! दिल रहता है हरदम बेकरार
तू ही बतलाना प्रिये ! कहीं इसी को तो नहीं कहते हैं प्यार
क्यों सूना लगता है संसार, क्यों रहता है अब तेरा ही इंतजार।

अल्फ़ाज़

विकास कुमार मंडल
(पता :- रामगढ़, दुमका, झारखंड)

अल्फ़ाज़ों से ही सही,
तसल्ली तो मिल जाती है।
ख़्वाबों का घरौंदा,
मिट्टी के बर्तन सा टूट जाता है।

दर्द यादों में घर कर जाता है,
बयाँ करें तो किससे करें।
लफ़्ज़ों में आई हर बात,
बस कलम बन जाती है।

तब अल्फ़ाज़ों से ही सही,
तसल्ली तो मिल जाती है।

आँखों के आगे तन्हाइयों
का समंदर है,
पार करें तो कैसे करें?
कश्ती नज़र नहीं,
भंवरों से भरा हर मंज़र है।

हर बार मंज़िल सामने आकर,
गुज़र जाती है।
क्या सच अल्फ़ाज़ों से ही सही,
तसल्ली मिल जाती है?

बस एक झूठी संभावना,
तैरती पत्थर सा सच लगती है।
बस अल्फाज़ों से क्या तसल्ली मिलती है,
मिलता है कुछ पल का ठहराव
और कुछ न बस दो पल का ठहराव।।

कान्ता बहन जी और करवा चौथ

अर्चना मिश्रा
(पता :- कानपुर, उत्तर प्रदेश)

आज करवा चौथ का व्रत है। मैं सोच ही रही थी कि चलो रसोई में चला जाए, शाम की पूजा की तैयारी शुरू करें। एक तो अपनी तरफ बनता भी बहुत कुछ है- कढ़ी, फर्रा, पन्नी, पूड़ी और बहुत कुछ। तभी दरवाजे की घंटी बजी, देखा तो कान्ता बहन जी थी, जो प्राइमरी स्कूल में अध्यापिका हैं। बहुत ही सरल और सुलझी हुई अपने मृदुल स्वभाव के कारण पूरे मोहल्ले की प्रिय बहन जी थी। मेरी उनके साथ ज्यादा निकटता थी। लिहाज़ा जब उनके पास समय होता, वो मेरे पास आ जाती थी।

मैंने आगे बढ़कर उनका स्वागत किया, "आइए दीदी बैठिये।" कुशलक्षेम के बाद मैंने कहा, "दीदी! चाय बनाऊँ। दीदी ने हँसते हुए कहा, "चाय क्या उसके साथ नाश्ता भी करूँगी, स्कूल से सीधे यहीं आई हूँ, बड़ी जोर की भूख लगी है।" मैंने आश्चर्य से कहा, "पर आज तो आपका भी करवा-चौथ का व्रत होगा?" वो थोड़ी देर चुप रहने के बाद बोलीं, "यह बताओ- यह व्रत क्यों रखते हैं?" मैंने कहा, "पति की लम्बी उम्र और हर जन्म में उनका साथ और प्यार मिले।"

कांता दीदी इशारे से मुझे अपने पास बैठाकर बोली, "तुझे तो पता है न कि मेरे पति ने मुझे छोड़कर दूसरी शादी कर ली है और लखनऊ में उसके साथ अलग गृहस्थी बसा ली है। सालों हो गए कभी मेरी खबर नहीं ली कि मैं किस हाल में किसके सहारे ज़िंदा हूँ। फिर वो तो व्रत रखती ही होगी, इसलिए मैंने सोचा कि क्यों व्रत करूँ? अगले जन्म में यही पति और यही सौत, मुझे नहीं चाहिए। हर जन्म में उसे ही वो मिले, मुझे तो कोई दूसरा चाहिए जो सिर्फ़ मेरा हो," कहकर वो ठहाका मारकर हँस पड़ी। उनकी आँखों में तैरते आँसू देखकर मैं उनके लिए चाय बनाने ये सोचते हुए चल दी कि कितना दर्द होता है जब आपका जीवन साथी जिसके लिए आप व्रत और उसकी कुशलता के लिए पूजा करते हो और वो आपकी भावनाओं को समझने की जगह आपको छोड़कर दूसरे का दामन थाम लेता है। उसके लिए व्रत करना निरर्थक है। दीदी सच ही कह रही हैं।

बैदेही

रीक्षीराम मेहर
(पता :- कोकसारा, ओडिशा)

रघु कुल वधू जनक नंदिनी,
चलीं श्री राम के साथ,
पतिव्रता नारी माता बैदेही,
निभाने बंधन हाथ।

कपटी रावण हर लिया सीता,
बिछड़े पति-पत्नी जब,
अशोक वाटिका झूलता गया,
आँखों के आँसू के संग।

वन-वन खोजते दोनों भाई,
मिले जटायु के पास,
सीता-हरण हुआ आज ही,
हर लिया लंकेश राज।

हुए हनुमंत को प्रभु के दर्शन,
पूर्ण हुआ भक्ति भाव।
चरण धोते प्रभु से पूछ रहे,
निराशा क्यों छाई है भगवन्।

बोले श्री राम- "सीता हर लिया
लंकेश राज अभिमानी।"
इतना कहा सुनते हनुमंत का,
भर गया आँखों में पानी।

मित्र बने किसकिंधा राजा,
थामे एक दूजे के हाथ।
सीता खोजने निकल पड़े हनु,
मित्रता की रखने लाज।

आज की लड़की

बालकृष्ण शर्मा
(पता :- बघौला, पलवल, हरियाणा)

मैं क्यों डरूँ, क्यों डर-डर कर जियूँ,
क्यों सोचूँ कि कोई क्या सोचेगा।
किसी की सोच से क्या बदल जाएगा,
मेरा जीवन मेरे ही दम से सँवर पाएगा।
क्यों आखिर कोई मुझ पर हक़ जताए,
कोई इंसान स्वयं को भगवान बताए,
उसमें कौन-सा ऐसा ज्ञान भरा है,
जो हर फैसला मेरा वही सही कर पाए?
क्या दुनिया से कभी कोई भूल नहीं होती,
जो मेरी भूलों पर रहती है रोती!
आख़िर क्यों मैं परवाह करूँ उनकी,
जिन्हें नहीं परवाह मेरी खुशी की,
चिंता है केवल समाज के झूठे पाखंडों की!
मैं खुलकर जिऊँगी, ये हक़ मेरा है,
किसी की सोच का मुझ पर न कोई पहरा है।
मैं चलूँगी-दौड़ूँगी-उड़ूँगी भी,
अपनी राह खुद चुनूँगी भी!
मेरी सफलता मेरी होगी,
मेरी असफलता भी मेरी ही होगी,
हिम्मत है मुझमें उसका भी बोझ उठाने की!

खुशियों की सौगात

रचना सहाय
(पता :- जमशेदपुर, झारखंड)

परम पिता की परम कृपा से
सब खुशियाँ मिल जाएँगी,
जब बाँटोगे खुशियों को तुम
व्याधि कभी न आएगी।
खुशी बिखेरो, खुशी मिलेगी
गम के बादल कभी न छाएँगे,
बारिश होगी खुशियों की केवल
उपवन में पुष्प खिल जाएँगे,
जीवन बगिया को महकाएँगे।
दो कटु वचन बोलकर तुम
चैन कहाँ से पाओगे?
खुद के बुने ही जालों में
जीवन के तानों-बातों में
उलझन ही उलझन होगी केवल
जीवन होगा नीरस केवल,
कुछ हासिल न हो पाएगा,
कोई मंज़िल कभी न आएगी,
हर रोग निराशा आकर ही
जीवन में अन्धकार फैलाएगी।
छोटी-सी खुशियाँ, बिखेरकर देखो
सब सुगम, सरल हो जाएगा,
जीवन की बंजर भूमि पर
हरियाली छा जाएगी।

माधव सबमें ऊर्जा भरते

बबीता माँधणा
(पता :- शालीमार, हावड़ा,
पश्चिम बंगाल)

मित्रों जीवन ऐसी यात्रा,
निश्चित जिसमें सुख-दुख मात्रा।

आओ हँसकर इसको जी ले,
हर्ष-अमृत को नियमित पी ले।

ये है मेरा ये है तेरा,
त्याग-मोह तो दिव्य-सवेरा।

दबे पाँव यह चिंता आती,
स्याह-निराशा देकर जाती।

हम सोचे सब हम ही करते,
माधव सबमें ऊर्जा भरते।

गुरु-वंदन की कर छोड़ कामना,
सेवा परहित उच्च-भावना।

ज्ञान-दीप जब अंतस जलता,
अहं-तमस तब कण-कण गलता।

कर्मयोग से नाता जुड़ता,
जीवन अपना सत्पथ मुड़ता।।

पिंजरे की मोहब्बत

लक्ष्मीनारायण धिरहे
(पता :- हसौद, सक्ती, छत्तीसगढ़)

कोई पूछे तो कहना, एक परिन्दा मर गया है,
उसे पिंजरे की सलाखों से मोहब्बत हो गई थी।
मैके की लाज और ससुराल की दहलीज़ के बीच,
उसके सपनों की हर उड़ान रुख़सत हो गई थी।

वह चाहती थी छूना आसमान की ऊँचाइयों को,
पर घर की ज़िम्मेदारियों से उसे राहत न मिली।
कोई पूछे तो कहना, एक परिन्दा मर गया है,
उसे पिंजरे की सलाखों से मोहब्बत हो गई थी।

अपनों की मुस्कान के लिए उसने खुद को भुला दिया,
शायद अपनों की खुशी ही उसकी चाहत हो गई थी।
कोई पूछे तो कहना, एक परिन्दा मर गया है,
उसे पिंजरे की सलाखों से मोहब्बत हो गई थी।

हर एक ने सराहा उसके त्याग और बलिदान को,
पर किसी ने न पूछा कि उसके सपनों की क्या इबादत हुई।
कोई पूछे तो कहना, एक परिन्दा मर गया है,
उसे पिंजरे की सलाखों से मोहब्बत हो गई थी।

वह हँसती रही सबके लिए, अपने आँसू छुपाती रही,
दिल की हर ख़्वाहिश को चुपचाप दफनाती रही।
अपने ही आँगन में वह अजनबी-सी हो गई थी,
कोई पूछे तो कहना, एक परिन्दा मर गया है,
उसे पिंजरे की सलाखों से मोहब्बत हो गई थी।

कभी किताबों में उसने अपना भविष्य सजाया था,
कभी चाँद से आगे जाने का सपना बनाया था।
मगर रिश्तों की रस्मों में उसकी पहचान खो गई थी,
कोई पूछे तो कहना, एक परिंदा मर गया है,
उसे पिंजरे की सलाखों से मोहब्बत हो गई थी।

शब्द रूपी अमृत

डॉ० जगदीश प्रसाद गबेल
(पता :- सक्ती, छत्तीसगढ़)

शब्द ही पुष्प है, शब्द ही पुष्पा है,
शब्द ही पूर्व है, सूर्य दिवाकर है,
शब्द ही हार है, शब्द ही जीत है,
शब्द ही प्यार है, शब्द ही प्रीत है।
शब्द सुर में घुले, शब्द लय से मिले,
शब्द मुखरित हों तो, पुष्प उपवन खिले,
शब्द से फूटता प्रणय गीत है,
शब्द ही प्यार है.....।
शब्द शीतल करे, दग्ध दुखमय हृदय,
शब्द सुरभित हुआ, बन कर अनुनय-विनय,
शब्द बन जाता फिर कोई, अनुगीत है,
शब्द ही प्यार है.....।
शब्द ही गूँजते बन कर क्रंदन-रुदन,
शब्द देवालयों में है, पूजा-भजन,
शब्द है साधना, शब्द संगीत है,
शब्द ही प्यार है....।
शब्द घायल करे, शब्द विह्वल करे,
शब्द निर्मल, हृदय को भी निर्मल करे,
शब्द है शत्रु भी, शब्द मनमीत है,
शब्द ही प्यार है....।
शब्द हरते हृदय की विरह वेदना,
शब्द पूजा भी है, शब्द अभ्यर्थना,
शब्द टूटे हृदय का, विरह गीत है,
शब्द ही प्यार है....।
शब्द है संकुचित, शब्द व्यापक भी है,
शब्द पिउ-पिउ कहाँ, प्यास चातक भी है,
शब्द औषधि "पवन", हार की जीत है,
शब्द ही प्यार है....शब्द ही प्रीत है।।

आधे-अधूरे हम

संकेत सिंह
(पता :- सोन्पै, जमुई, बिहार)

आधे अधूरे से हम,
पूरे कभी न हुए।
जिन्दा हैं मर-मर के हम,
क्यों ऐसे सितम हैं हुए।
आधे अधूरे से हम,
पूरे कभी न हुए ...

सपनों का ये जो जहाँ है,
हमें दर-दर भटका रहा है।
चाहूँ नहीं कुछ भी ज्यादा,
फिर क्यों ये सिलसिला है।
आधे अधूरे से हम,
पूरे कभी न हुए ...

रिश्तों के दल दल में,
जीवन के हलचल में।
ऐसे घिरे हैं यहाँ,
जाना कहाँ है, रुकना कहाँ है,
किसी को पता न यहाँ।
देते हैं फिर क्यों कोई,
झूठा दिलासा यहाँ।
आधे-अधूरे से हम
पूरे कभी न हुए ...

मन में जो पाली है,
ख्वाहिश वो निराली है।
कैसे मैं पूरा करूँ,
सपनों की उस दुनिया में
फिर कैसे मैं सैर करूँ।
आधे अधूरे से हम,
पूरे कभी न हुए ...

प्रेम के पन्ने

मंजूलता मेरसा "कृष्णा मानसी"
(पता :- बिलासपुर, छत्तीसगढ़)

मैं फिर से वो प्रेम के पन्ने पलटती हूँ,
तेरी यादों के मयखाने में, तेरी मुस्कानों पे ठहरती हूँ।
तेरी आँखों के वो इशारे, वो नशीले जाम से मंज़र,
छोड़ जाते हैं मुझे, बस प्रेम के इन पन्नों के भीतर।
तेरी हर बात में, हर मुलाक़ात में, चाहत के उन ख़्यालों में,
मेरे मन के भाव गिरते हैं, अल्फ़ाज़ों के उजालों में।
इन शब्दों से एक नूरानी आशिकी झलकती है,
तुझे पाने की ज़िद में, अब हर शाम दीवानी लगती है।
जब भी देखूँ तुझे, बस यही गुमान होता है,
जैसे दिल और दिमाग पर, बस तेरा ही मक़ाम होता है।
तेरी मोहब्बत में जोगन बन, मैं दर-बदर फिरती हूँ,
पर हकीकत में तो मैं, बस तेरी यादों में सिमटती हूँ।

तू नहीं आस-पास, पर तेरी बातों का
वो अटूट सिलसिला है बहुत खास
तेरी बाहों का घेरा जैसे, हर पल मुझे मिला है।
वो मुझे हँसाते हैं, मेरी रूह को गुदगुदाते हैं,
प्रेम की मीठी धुन, वो हर घड़ी सुनाते हैं।
महकने लगे हैं अब तो, प्रेम के ये कोरे कागज़,
तेरी साँसों की खुशबू से, जैसे महक उठा हो हर लफ़्ज़।
मैं खुद को ढूंढती हूँ अक्सर, तेरे लफ़्ज़ों के जादू में,
खो गई हूँ कहीं मैं, बस तेरे ही काबू में।
कोई मंज़िल नहीं मेरी, न कोई ठिकाना है,
तेरी रूह में गुम होकर ही, मुझे खुद को पाना है।
इन खामोश लम्हों में भी, बस तेरा ही शोर है,
तू ही मेरा चाँद है, तू ही मेरी सुनहरी भोर है।
बंद आँखों से भी अब, अक्स तेरा ही दिखता है,
कलम की हर स्याही में, बस नाम तेरा ही रहता है।

मन की आवाज

बबीता कुमारी
(पता :- पांडवेश्वर, पश्चिम बंगाल)

ज़िन्दगी
के कुछ मोड़ इतने शांत होते हैं,
कि भीतर का शोर
और भी साफ़ सुनाई देता है।
इसलिए फैसले
कभी शब्दों में नहीं उतरते,
बस ठहर जाते हैं धड़कनों
और डर के बीच कहीं।
तभी
हम ढूंढते हैं एक चेहरा,
जहाँ बिना सजाए रख सकें खुद को,
जहाँ आँखें बोल लें वो सब,
जो हम बोलने से डरते हैं।
पर सच तो यह है
हम बोलते बहुत हैं,
पर कहते बहुत कम हैं।
वैसे भी हर रिश्ते के दरवाज़े पर
एक हल्का-सा संकोच टंगा रहता है,
कि कहीं सच की तपिश
रिश्ते की कच्ची दीवार को न चटका दे।
और फिर,
रिश्ते चलते तो रहते हैं,
और उनमें न कही गई बातें
सबसे ज़्यादा बोझ बन जाती हैं।

तू मेरा सूरज

वैष्णवी नेहा
(पता :- पलवल, हरियाणा)

मैं कमलिनी, तू मेरा सूरज,
मैं अधूरी, तू मेरा पूरक।
तूने दिया सदा सम्मान,
तू दुनिया में सबसे महान।
तेरा ज्ञान, तेरा ध्यान,
यही बस मेरी पहचान।
जब रात आई, अँधेरा छाया
तू चाँद के बहाने रोशनी लाया,
तूने न कभी दिल दुखाया
हे प्रिय, हे प्राणाधार,
हर पल तूने साथ निभाया।

कैनवस पर मुस्कुराती है कविता

आचार्या नीरू शर्मा
(पता :- कांगड़ा, हिमाचल प्रदेश)

रंगों ने कूची संग मिलकर
कैनवस पर
प्रकृति का श्रृंगार रचाया है।
हरे-भरे पातों ने हरियाली की
कोमल छाया में
प्रेम का मधुर राग सजाया है।
नीले नभ पर श्वेत श्यामल बादलों ने
चुपके से
सपनों के अरमां जगाए हैं।
रंग-बिरंगे फूलों की खुशबू ने
हर पंखुड़ी पर
मुस्कान अनोखी बिखराई है।
यूँ ही नदिया की कल-कल करती धारा ने
मधुर स्नेह छिपाकर
लहरों की हलचल में इक प्रेम कहानी रचाई है।
हाँ, देखो
कूची ने रंगों संग छूकर इन सबको
कैनवस पर
मुस्कुराती कविता का इक जीवंत चित्र बनाया है।

बच्चे क्यों भगवान कहाए?

चन्दन केशरी
(पता :- झाझा, जमुई, बिहार)

जिज्ञासा अनोखी मन में, प्रश्न अनोखे मन में आए।
एक बच्चे ने पूछा मुझसे, "बच्चे क्यों भगवान कहाए?"
प्रश्न था उसका उचित ये, प्रश्न सुनकर मैं मुस्काया।
तब भगवान कहलाने का, अर्थ यूँ मैंने समझाया...

वक्त ऐसा आन पड़ा है, हर इन्सां दूजे को तोले।
जो हो ऊँचा अपने कद से, उनसे ही बस हँसकर बोले।
लेकिन उन बच्चों के मन में, ऊँच-नीच का भाव न आए।
इसलिए भगवान कहाए, इसलिए भगवान कहाए।।

उनके लिए सभी बराबर, काला-गोरा रूप न जाने।
हर रूप स्वीकार करे जो, सुन्दर और कुरूप न माने।
काले-गोरे रंग-रूप की, बात न अपने मन में लाए।
इसलिए भगवान कहाए, इसलिए भगवान कहाए।।

घबरा जाते बड़े-बड़े भी, दुःख जब भी जीवन में आए।
सबको सुख पाने की इच्छा, दुःख पाकर सभी घबराए।
सुख-दुःख से अनजान बच्चे, हर एक पल बस हँसे-हँसाए।
इसलिए भगवान कहाए, इसलिए भगवान कहाए।।

बड़ों में जब हुई लड़ाई, जीवन भर रखेंगे द्वेष।
सामाजिकता रही नहीं जब, फिर क्या ही रह जाता शेष?
हुई लड़ाई बच्चों में पर, खेलने वो साथ आए।
इसलिए भगवान कहाए, इसलिए भगवान कहाए।।

धन्यवाद

www.ingramcontent.com/pod-product-compliance
Lightning Source LLC
LaVergne TN
LVHW022043200926
848481LV00003B/768
9798905848018